슬기로운 식생활

내 안을 건강하게 가꿔요

홍준희 글 | 양수빈 그림

다림

이 책을 읽는 어린이에게

다 함께 내 안을 건강하게 가꿔요!

안녕! 나는 초등학교 때부터 김치만 있어도 밥을 잘 먹는다고 칭찬받는 아이였어요. 그런데도 할머니는 내게 항상 이런저런 잔소리를 하셨죠.

"허겁지겁 먹지 말고 꼭꼭 씹어 먹어야지."
"콩이 얼마나 좋은데 가려내냐?"
"이것저것 가리지 말고 골고루 먹어야 한다."
"맛있다고 과식하면 안 된다."
"밥만 먹지 말고 반찬도 골고루 먹어."
"밥 먹고 나면 이는 꼭 닦아야 한다."
"콜라 많이 먹지 말아라."
"과자는 몸에 해롭다."

할머니는 쉴 새 없이 잔소리를 했지만 나는 왜 음식을 꼭꼭 씹어 먹어야 하는지, 왜 싫어하는 콩자반이나 멸치도 먹어야 하는지, 그게 왜 몸에 좋은지, 도대체 몸에서 어떤 일을 하는지 늘 궁금했어요. 어른들은 왜 그래야 하는지 이유를 설명해 주지 않았거든요. 무조건 "할머니 말 잘 들으면 건강해져."라고만 하셨지요. 그래서 내가 직접 알아봐야겠다고 생각했어요.

　우리는 이제부터 왜 흰쌀밥을 많이 먹으면 안 되는지, 음식들이 우리 몸에 어떤 영향을 주는지, 설탕이 많이 들어간 과자나 사탕을 왜 자주 먹으면 안 되는지, 음식을 골고루 먹지 않으면 우리 몸에 어떤 일이 일어나는지, 좋아하는 것만 먹으면 우리 몸이 어떻게 되는지, 우리 몸에 필요한 필수 영양소들과 그것들이 우리 몸에서 하는 중요한 일 등을 꼼꼼히 살펴볼 거예요. 글을 쓰면서 '아하, 그래서 할머니가 그런 말씀을 하셨구나. 그때 할머니가 이런 이야기도 해 주셨더라면 더 좋은 식습관을 가질 수 있었을지도 모르겠다.' 하는 생각도 들었어요.

　윌리엄 워즈워스라는 시인은 "인간은 결심에 의해서 올바로 되는 것이 아니라 습관에 의해서 올바른 모습을 갖추어 나간다."라고 했어요. 어릴 때부터 좋은 식습관을 갖도록 스스로 노력해 가는 것은 건강한 어른으로 자라기 위해 더없이 중요한 일이에요.

　어린이 여러분도 이 책을 통해 매일 먹는 여러 가지 음식들이 우리 몸 안에서 하는 일을 알아보고, 스스로 현명한 선택을 내려, 자신을 돌보고 내면을 가꾸는 좋은 습관을 갖게 되길 바랄게요.

홍준희

차례

이 책을 읽는 어린이에게
다 함께 내 안을 건강하게 가꿔요! …2

1장 아침밥은 왜 먹어야 해요?
아홉 시 등교제 실시와 아침 식사 …8
먹지 않고 살아갈 수는 없을까요? …10
아침밥은 보약 …12
건강한 아침밥 …16
간식과 대사 증후군 …17
- 아밀레이스(아밀라아제)
- 칼로리란 무엇일까요?
- 우주 음식

2장 탄수화물은 나쁜 건가요?
소아 생활 습관병 …22
탄수화물의 소화와 흡수 …24
흰쌀밥이나 흰 빵보다는 잡곡밥과 통밀 빵을! …25
탄수화물 중독 …27
- 나도 탄수화물 중독일까요?

3장 매일 고기만 먹고 싶어요!

임파서블 버거 …31
완벽한 단백질, 고기 …32
고단백 다이어트의 함정 …32
고기를 선택할 때 한 번쯤 생각해야 하는 것들 …36
▫ 베지노믹스
▫ 채식을 선택하는 사람들

4장 감자튀김이 더 좋아요!

세계에서 가장 무거운 소년 …43
우리 몸에 꼭 필요한 영양소, 지방 …44
식물성 지방 …46
마가린 대 버터 …48
▫ 오메가-3
▫ 팜유 이야기

5장 당근은 빼 주세요!

인기 셰프가 학교에 간 이유 …55
작지만 힘이 센 비타민과 무기질 …56
알록달록 컬러 푸드 …60
▫ 푸드 네오포비아
▫ 못난이 채소 캠페인

6장 패스트푸드가 뭐예요?

슈퍼 사이즈 미 …66

패스트푸드는 고열량 저영양 식품 …68

미각 중독 …70

슬로푸드 …74

푸드 마일리지 …76

▫ 가공식품의 영양 표시
▫ 나도 소금 중독일까요?
▫ 유전자 조작 식품
▫ 도시형 농부 시장, 마르쉐

7장 물 대신 콜라 마실래요!

매년 성장하는 한국의 탄산음료 시장 …80

건강에는 백해무익한 콜라 …82

설탕 중독 …85

콜라 대신 물을! …87

▫ 음식 속에 숨어 있는 설탕
▫ 100퍼센트 천연 과일 주스
▫ 어린이는 왜 커피를 마시면 안 될까요?

8장 불량 식품이 왜 나빠요?

세계 10대 불량 식품 …**91**
불량 식품 판별하기 …**92**
식품 첨가물 바로 알기 …**93**
　▫ 유통 기한과 소비 기한
　▫ 식품 첨가물의 종류
　▫ 냉장고가 없을 때 어떻게 음식을 보관했을까요?
　▫ 그린 푸드 존

부록

건강한 어린이로 자라게 하는 슬기로운 식생활 여덟 가지 …**98**

1장 아침밥은 왜 먹어야 해요?

아홉 시 등교제 실시와 아침 식사

2014년 9월, 경기도 교육청은 건강한 성장과 활기찬 학습을 목표로 도내 초·중·고 학생들의 등교 시간을 아홉 시로 정한다는 발표를 했습니다. 이후 강원·서울·인천 지역으로 확대된 '아홉 시 등교제'는 학생들과 학부모, 선생님들의 찬성과 반대 의견이 팽팽하게 맞섰지요. 이렇게 등교 시간까지 조정할 만큼 '아침밥'은 어린이와 청소년 들의 성장에 꼭 필요한 걸까요?

아홉 시 등교제 찬성 쪽에서는 등교 시간이 늦춰지면 학생들이 충분한 잠을 잘 수 있어 성장에 도움이 되고, 부모와 자녀가 함께하는 여유로운 아침 시간을 통해 정신적·육체적 건강을 챙길 수 있다고 주장했습니다. 이에 반대 쪽에서는 바뀐 등교 시간으로 오히려 잠자리에 더 늦게 드는 학생이 많아질 것이고, 아침밥을 먹을지 안 먹을지의 문제 또한 개인 선택의 문제이며, 식사 대신 잠을 선택할 학생들이 더 늘어날 것이라고 주장했지요.

그로부터 2년이 지난 뒤, 경기대교육대학원 김성영 교수 팀이 진행한 설문 조사 결과를 살펴보면 등교 시간을 아홉 시로 바꾸는 것만으로도 일주일 내내 아침밥을 먹지 않은 학생들의 비율이 10퍼센트 정도 감소하였다고 합니다. 또한 아침 시간의 여유로움으로 아침밥을 꼬박꼬박 챙겨 먹게 되고, 충분한 수면을 취한 덕분에 학습 집중력도 높아지는 등 긍정적인 변화도 이끌어 내고 있다는 평가를 받고 있어요.

먹지 않고 살아갈 수는 없을까요?

　재미있는 만화책을 읽거나, 티브이에서 좋아하는 연예인이 나오는 프로를 보거나, 친구들과 어울려 신나게 게임이나 운동을 할 때 "밥 먹어라!" 하는 가족들의 목소리가 들리면 '밥 대신 알약 하나 먹고 살 수는 없을까?'라고 생각해 본 적이 있을 거예요. 매일 먹는 밥, 한 끼 정도 안 먹는다고 큰일 나는 것도 아닌데 왜 어른들은 꼭 밥 먹으라고 잔소리를 할까요?

　자동차로 예를 들어 볼까요? 최고급 실내 장식과 우수한 엔진, 튼튼한 타이어를 갖춘 값비싼 차 한 대가 여러분 앞에 있다고 생각해 보세요. 이 차를 움직이게 하는 데에 필요한 것은 무엇일까요? 바로 '성능 좋은 연료'를 넣어 주는 것입니다.

　우리 몸도 이와 같은 원리예요. 아쉽게도 우리 몸은 음식 이외에는 다른 것으로 에너지를 얻을 수가 없습니다. 물론 병에 걸려 제대로 음식을 먹지 못하는 환자들은 수액이나 영양제 등을 통해 도움을 받지만, 영원히 그럴 수는 없지요. 여러분이 건강하게 원하는 활동들을 무리 없이 해 나갈 수 있기 위해서는, 제때에 영양이 골고루 들어 있는 음식을 먹고, 그것을 통해 에너지를 얻어야 합니다.

규칙적으로 아침 점심 저녁, 세끼 식사를 골고루 챙겨 먹는 습관을 들이지 않으면 발육 부진, 근육 감소, 호르몬 문제 등을 일으켜 어린이들의 건강과 성장을 방해하게 됩니다. 그중에서도 특히 '아침밥 먹기'는 가장 중요한 식습관입니다. 왜 그럴까요?

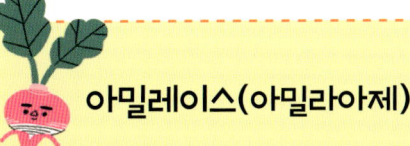

아밀레이스(아밀라아제)

밥이나 빵을 먹을 때 어른들이 "꼭꼭 씹어 먹어라, 체한다."라고 하는 말을 한두 번은 들어 봤을 거예요. 그런데 이러한 어른들의 잔소리는 의외로 꼭 필요한 잔소리랍니다. 왜냐고요? 탄수화물이 우리 몸에 들어오면 그것을 소화시키기 위한 분해 효소가 필요해요. 바로 '아밀레이스(아밀라아제)'라는 건데요, 이것은 위 속에서는 한 방울도 안 나오고 오로지 입속의 '침'에서만 나와요. 탄수화물을 먹을 때 꼭꼭 씹어 먹지 않으면 음식물은 완전히 분해되지 않은 상태로 장까지 가요. 그런데 그곳에서 부패된 탄수화물은 우리 몸을 아프게 할 수 있습니다. 물론 췌장(이자)이 탄수화물의 소화를 돕는 역할을 하기는 해요. 하지만 매번 잘 씹지 않고 탄수화물이 위까지 온다면 췌장이 할 일이 너무 많아지고 무리하게 되니 결국 탈이 나겠지요? 오늘부터는 밥을 먹을 때 꼭꼭 씹어서 아밀레이스가 충분히 소화를 도울 수 있도록 해 보세요.

아침밥은 보약

미국 영양학회 등 많은 연구 기관들의 발표에 따르면 어린이와 청소년 들이 아침밥을 거르게 될 경우, 뇌의 활동을 돕는 포도당의 공급이 제대로 이루어지지 않아 집중력이 떨어지고 집중할 수 있는 시간도 짧아진다고 합니다. 또 몸의 활동도 둔해지고 무기력해지며 쉽게 피로를 느끼게 되지요. 이는 결국 우리의 학교생활에도 영향을 미칩니다.

혹시 아침밥을 먹는 대신 잠을 더 자겠다거나, 잠을 자고 일어나서 바로 밥을 먹으면 입맛이 없다는 이유로 아침밥을 굶고 있진 않나요? 이런 이유로 아침밥을 계속해서 먹지 않는다면 우리 몸은 어떻게 반응할지 이제부터 함께 알아보아요.

'신진대사' 또는 '물질대사'라는 말이 있어요. 이것은 몸 안에 들어온 음식을 에너지로 바꾸어 주는 기능을 말해요. 전날 에너지를 모두 소비한 우리 몸은 아침이 되면 새로운 에너지를 만들어 내기 위해 신진대사를 할 수 있도록 준비하는 상태가 됩니다. 그런데 아침밥을 제때 안 먹어 몸에 영양분을 제공하지 않으면 이 신진대사 속도가 느려집니다.

또, 아침밥을 굶은 상태에서는 과식이나 폭식을 하기 쉬워요. 이 상태에서 기름진 음식이나 단맛이 강한 간식 등 열량이 큰 음식을 갑자기 먹게 되면, 우리 몸은 음식 칼로리를 미처 다 태우지 못하지요. 결국 이렇게 에너지로 바뀌지 못하고 남은 칼로리들이 몸속에 쌓여 우리를 비만 체질로 변하게 한답니다. 아침을 안 먹는 사람이 비만에 걸릴 확률이 더 높다는 연구 결과도 있어요. 아침을 굶고 저녁에 많이 먹으면 결국 섭취하는 칼로리는 똑같지 않을까 생각할 수 있지만, 같은 칼로리라도 언제 먹는가에 따라 체중에 영향을 줍니다. 아침밥을 먹으면 포만감을 느껴 폭식을 안 하게 되므로 비만을 예방할 수 있어요.

아침밥을 규칙적으로 먹지 않으면 대장 운동에도 영향을 줘서 만성 변비를 일으킬 수 있어요. 이로 인해 자주 배가 아프다거나, 배가 팽팽한 느낌, 구토, 식욕 부진 등의 증상을 호소하는 학생들도 있지요. 게다가 원활한 배변 활동을 못 하면 피부 트러블이 발생하고 여드름도 악화된답니다.

그리고 아침밥을 안 먹으면 단맛, 짠맛 등 맛이 강한 음식에 더 쉽게 끌리게 되는데, 이런 음식들을 자주 먹게 되면 충치가 발생하여 치아 건강에도 좋지 않습니다.

칼로리란 무엇일까요?

우리나라에서 식품을 판매하려면 제품명, 용량, 원재료명, 제조한 곳, 영양 정보 등의 식품 정보가 표시되어야 합니다. 그중의 하나가 바로 칼로리예요. 작은 과자 봉지나 사탕에도 칼로리가 표시되어 있는 것을 여러분도 쉽게 발견했을 거예요.

칼로리는 쉽게 말하면 음식 속에 들어 있는 에너지의 양, 즉 열량을 말해요. 칼로리는 1킬로그램의 물의 온도를 1도 올리는 데에 들어가는 에너지의 양을 말하기도 해요. 음식 속의 1칼로리(1cal)는 1킬로칼로리(1kcal)와 같은데, 피자는 보통 한 조각(100그램)에 약 272칼로리, 사과 한 알(100그램)은 약 52칼로리라고 알려져 있지요.

우리 몸에 들어온 칼로리는 음식을 소화하거나, 신체 활동, 그리고 내장 기관들과 우리 몸의 조직들이 기능을 유지하는 데에 사용됩니다. 하지만 신진대사(물질대사)를 통해 에너지로 변하지 못한 칼로리는 우리 몸에 그대로 남아 쌓여요. 그래서 식품에 표시된 칼로리를 보고 자신이 먹을 음식의 칼로리를 미리 계산해 보는 게 좋아요.

우리가 쓰는 에너지량은 두 가지가 있어요. 체온을 유지하거나 숨을 쉬고, 심장을 뛰게 하는 기초적인 일에 사용하는 열량을 '기초 대사량'이라고 해요. 그리고 일상생활을 하는 데에 사용하는 열량을 '활동 대사량'이라고 하지요. 기초 대사량은 하루에 쓰이는 열량의 약 60~70퍼센트를 차지할 정도로 중요합니다. 물론 사람마다 사용되는 기초 대사량은 달라요. 가만히 앉아서 책을 읽는 사람과 넓은 운동장을 쉼 없이 뛰어다니며 축구를 하는 운동선수가 필요로 하는 기초 대사량은 다르겠지요?

그렇다면 자신에게 필요한 칼로리 양은 어떻게 알 수 있을까요? 손쉬운 방법으로 가까운 보건소나 국민건강보험공단, 병원에서 기계를 이용하여 자신의 체성분과 체지방, 기초 대사량 등을 측정해 볼 수 있습니다. 요즘은 이런 것들을 측정할 수 있는 체중계도 판매해요. 기초 대사량을 잴 때에는 아침(오전), 밥 먹기 전, 운동 전, 화장실을 다녀온 후 재는 것이 정확한 결과를 얻을 수 있습니다.

이렇게 자신의 기초 대사량을 알면 그것을 초과하여 음식을 먹지 않도록 식사량을 조절하는 데에 도움이 됩니다. 주의할 점은 똑같은 사과 한 알을 먹더라도 먹는 사람에 따라 얻는 칼로리가 달라진다는 겁니다. 그것은 사람마다 소화 기관의 소화 능력이 다르고 장(창자) 속의 미생물, 장의 길이 등이 달라 음식을 통해 에너지를 얻는 개인의 능력 또한 차이가 나기 때문이지요.

뿐만 아니라 음식을 선택할 때 칼로리만큼 중요한 것이 바로 '영양소'입니다. 우리 몸에 필요한 아미노산, 비타민, 무기질 같은 영양소는 없고 칼로리만 높은 음식을 선택할 경우, 결국 몸에 지방은 쌓이지만 영양실조에 걸리는 일이 일어날 수 있답니다.

칼로리와 영양소! 앞으로 식품을 고를 때 두 가지를 꼭 기억하기로 해요.

건강한 아침밥

아침밥으로 어떤 음식이 적당할까요? 아침밥으로 시리얼이나 빵, 인스턴트식품을 선택할 경우, 그 속에 들어 있는 첨가물들이 오히려 몸에 좋지 않은 영향을 줄 수 있어요. 대부분의 인스턴트식품은 성장기 어린이·청소년에게 필요한 영양소가 골고루 들어 있지 않아 아침밥으로는 적당하지 않아요. 그리고 아침밥 메뉴를 결정할 때도 특정 음식이나 식단을 선택하는 것보다 다음의 세 가지를 실천하는 것이 더 중요해요.

첫째, 골고루 먹기

소설 『창가의 토토』에는 교장 선생님이 학생들과 도시락을 같이 먹을 때 골고루 먹기 위해 '산의 것'과 '바다의 것'을 함께 먹자고 노래하는 장면이 나와요. 이렇게 산과 바다에서 나는 것을 골고루 먹는 방법은 아침 식탁에서 여러분이 쉽게 실천할 수 있는 방법입니다. 예를 들어 보리밥과 달걀말이, 김구이와 멸치 볶음을 아침에 먹는다면 '산 산 바다 바다'가 되는 것이지요. 오렌지 주스와 참치 샌드위치를 먹었다면 '산 바다 산'이 되고요.

둘째, 싱겁게 먹기

아침밥을 먹을 때에는 짜지 않게 먹는 게 중요합니다. 짠 음식은 위에 부담이 갈 수 있거든요. 소금은 우리 몸에 꼭 필요하지만 지나치면 좋지 않아요. 아침을 짜게 먹으면 물이나 다른 음료수를 많이 먹게 되고, 그런 상태로 학교에 가면 화장실 생각에 수업에 집중할 수 없을지도 몰라요.

셋째, 꼭꼭 씹어 먹기

천천히 꼭꼭 씹어 먹는 식사 습관을 들이는 게 좋습니다. 특히 꼭꼭 씹어 먹는 습관은 뇌를 자극하여 기억력을 좋아지게 해요. 뿐만 아니라 잇몸을 건강하게 해 주며 얼굴 근육과 뼈를 발달시켜 얼굴 형태도 좋아지게 합니다. 또한 포만감도 빨리 느껴 비만을 예방한답니다. 하루에 필요한 음식의 양을 하루 세 번, 세끼로 나누어 먹는다는 생각으로 아침밥을 먹되, 칼로리가 낮으면서 영양이 풍부한 음식을 꼭꼭 씹어 먹어야 몸에 지방이 쌓이지 않고 건강한 어른으로 성장할 수 있습니다.

이제 우리는 음식 속에 들어 있는 영양소에 대해 자세히 알아볼 거예요. 우리 함께 공부하며, 똑똑한 식생활 습관을 가질 수 있도록 노력해 볼까요?

간식과 대사 증후군

성장기 어린이·청소년에게는 간식을 먹는 것도 중요해요. 간식은 세끼 식사에서 부족한 영양분을 보충하고, 배고픔으로 인한 불안감이나 초조함을 없애 주거든요. 또한 과식과 폭식을 막아 비만을 예방할 뿐만 아니라 피로를 풀어 줄 수 있어요. 다만 간식을 먹을 때에도 현명한 선택이 필요하지요.

만약 여러분이 간식으로 콜라 한 캔과 감자칩 한 봉지, 아이스크림 한 개를 선택했다면 다시 생각해 보는 것이 어떨까요? 매일 콜라 한 캔을 간식으로 먹는다면, 1년 뒤에는 지금보다 몸무게가 3킬로그램 정도 늘어 있을지도 몰라요.

그럼 간식으로 어떤 것이 좋을까요? 채소나 과일, 요구르트(과일 향이 첨가되지 않

은 플레인 상태의 요구르트) 등 칼로리가 낮고 건강한 음식을 선택하는 것이 좋아요. 또한 너무 많이 먹지 말고, 되도록 잠들기 두 시간 전에는 먹지 않는 것이 좋습니다. 우리 몸은 소화를 시키는 데에 적어도 두 시간 정도가 걸리니까요.

'대사 증후군'이란 병이 있어요. 우리 몸의 인슐린이 분비가 잘 안 되어서 대사 장애가 일어나는 것인데, 당뇨병 직전 단계인 고혈압, 고지혈증(고지질 혈증), 동맥 경화 등 이름만 들어도 무시무시한 증상이 한꺼번에 몸에 나타나지요. 그런데 대사 증후군의 주요 원인이 바로 비만이에요. 음식을 너무 많이 먹어서 생기는 증상인 거예요. 최근 많은 어린이에게 대사 증후군이 발견되면서 어린이 건강에 빨간 신호등이 켜졌답니다.

아무리 영양이 풍부한 건강한 음식을 선택했더라도 어떤 방법으로 어떻게 섭취하는가에 따라 때론 독이 되기도 하고, 때론 보약이 되기도 한 것이지요.

우주 음식

우주에서도 지구에서처럼 하루에 세 번 식사를 챙겨 먹을까요? 국제 우주 정거장에 머무는 우주인도 지구인처럼 하루 세끼 식사를 합니다. 하지만 우주를 비행하고 온 우주인의 인터뷰를 보면 그들을 힘들게 한 것 중에 하나가 바로 '음식 스트레스'였다고 해요. 중력이 거의 없는 우주에선 우주인의 코와 목이 부어 향과 맛을 느끼기 힘들고, 우주 멀미 등으로 인해 식욕이 떨어지기도 하거든요.

게다가 우주인들이 식사를 하기 위해서는 필요한 게 많아요. 우선 비좁은 우주선에 음식을 싣고 가려면 지구에서와는 다른 형태로 만들어서 무게를 가볍게 만들어야 해요. 그리고 우주선에는 지구와 같은 중력 상태가 아니기 때문에 액체도 안 돼요. 전자레인지도 쓸 수 없어서 음식들은 모두 완전 조리 상태여야 하지요. 그래서 과일도 말려서 가져간대요. 냉장고를 사용할 수도 없어서 음식은 모두 상온에서 보관이 가능한 형태로 포장해 두지요. 정수기도 없고 싱크대도 없으니 음식을 남기는 일도 없어야 해요. 우주에선 사람의 배설물을 포함한 쓰레기 처리가 정말 중요하거든요.

　우리나라 최초의 우주인 이소연 씨가 먹은 우주 음식으로는, 빨대를 이용해 먹을 수 있는 시금치 된장국, 낮은 온도에서도 조리할 수 있는 비빔면 형태의 라면, 국물이 날아가지 못하게 식품용 패드가 함께 들어 있는 김치 통조림 캔 등이었대요.

우주선 안에서는 박테리아나 곰팡이 같은 미생물이 지구에서보다 사람에게 훨씬 위험하기 때문에 미생물이 번식할 수 없도록 모든 음식은 수분 없이 철저하게 처리됩니다. 우주엔 병원이 없잖아요? 그래서 맛보다 영양을 더 신경 써야 해요. 철분과 나트륨은 적게, 칼슘과 비타민 D는 필수로 하는데, 무중력 상태에서는 철분은 거의 필요하지 않고, 몸속에 남으면 오히려 부작용을 일으킬 수 있기 때문이에요. 나트륨은 많이 먹으면 뼈에 손상을 가져와서 가능한 한 제한한대요. 이와 달리 우주에서는 햇빛 양이 부족해 비타민 D가 풍부한 음식이 필수인 것이지요. 또, 둥둥 떠다니는 무중력 상태에선 뼈를 튼튼하게 만들 필요가 없기 때문에 몸에서 칼슘이 빠져나가요. 그럼 지구로 돌아와 손상된 뼈를 회복하는 데에 시간이 오래 걸리지요. 그래서 우주에서는 칼슘이 든 식품을 잘 챙겨 먹고, 일부러 근육과 뼈를 자극하여 칼슘을 저장하게 하는 호르몬이 나오도록 운동을 하기도 합니다.

2장 탄수화물은 나쁜 건가요?

소아 생활 습관병

우리나라 10세 이하 어린이가 고혈압이나 고콜레스테롤혈증, 당뇨병, 심장병, 동맥 경화증 등 성인들이 주로 걸리는 질병으로 병원을 찾은 건수는 10만 건이 넘는다고 해요. 병원 진료 비용도 100억 원에 이르지요. 또한 조만간 어린이들의 성인병 발병률이 미국을 앞지를 것이라는 우려도 있어요.

과체중이나 비만으로 인해 어린이들에게 나타나는 여러 가지 성인병 증상들을 '소아 생활 습관병'이라고 불러요. 생활 습관병은 질병의 시작에서 발병과 진행까지 오랜 시간이 걸리는 특징이 있어요. 그래서 주로 아주 어려서부터 질환이 시작되며 흡연과 음주, 스트레스뿐만 아니라 식생활 등에도 영향을 받지요. 그런데 성인들 사이에서 발병하던 생활 습관병이 요즘은 어린이들 사이에서도 발생해 '소아 생활 습관병'이라 부르며 사회적 주목을 받고 있습니다.

대표적인 게 당뇨병이에요. 당뇨병은 선천적으로 인슐린이 부족하여 생기는 1형 당뇨보다, 후천적으로 운동 부족과 잘못된 식습관 등으로 혈당(혈액 속에 있는 당분)이 과도하게 높아져 혈당을 조절하는 인슐린이 제 기능을 못 하며 생기는 2형 당뇨에 걸리기 쉽습니다. 2형 당뇨로 비만이 나타나기도 하는데, 비만의 주원인으로 알려진 사탕, 초콜릿, 음료수, 과일 등의 식품에 당분이 많이 들어 있는 영향도 있지요.

이처럼 건강의 적으로 여겨지는 당분은 과연 모두 몸에 나쁜 것일까요? 우리 몸이 활동하는 데에 필요한 에너지를 제공하는 탄수화물 속 당분에 대해 알아보며 해답을 찾아보아요.

탄수화물의 소화와 흡수

모든 당은 생명을 유지하는 데에 꼭 필요한 영양소인 탄수화물에 속합니다. 밥, 라면, 국수, 과자, 떡, 빵, 감자, 고구마, 옥수수, 초콜릿, 사탕 등은 탄수화물이 들어 있는 대표적인 음식입니다. 이런 음식을 먹으면 우리 몸속에 탄수화물이 들어오는데, 탄수화물은 당분으로 소화되어 혈액 속에 당분이 쌓이게 되어요.

혈액의 당뇨 수치가 높아지면 췌장(이자)이라 부르는 곳에서 인슐린을 만듭니다. 인슐린은 당분을 세포 속으로 집어넣어요. 세포 속에 들어간 당분은 에너지로 바뀌게 되고, 그렇게 쓰고 남은 당분은 인슐린이 간에 저장을 하지요.

우리 뇌는 에너지원으로 당의 한 종류인 포도당만을 사용해요. 그래서 집중력과 기억력을 높여 주는 당분을 섭취하는 것은 공부하는 어린이·청소년들에게 매우

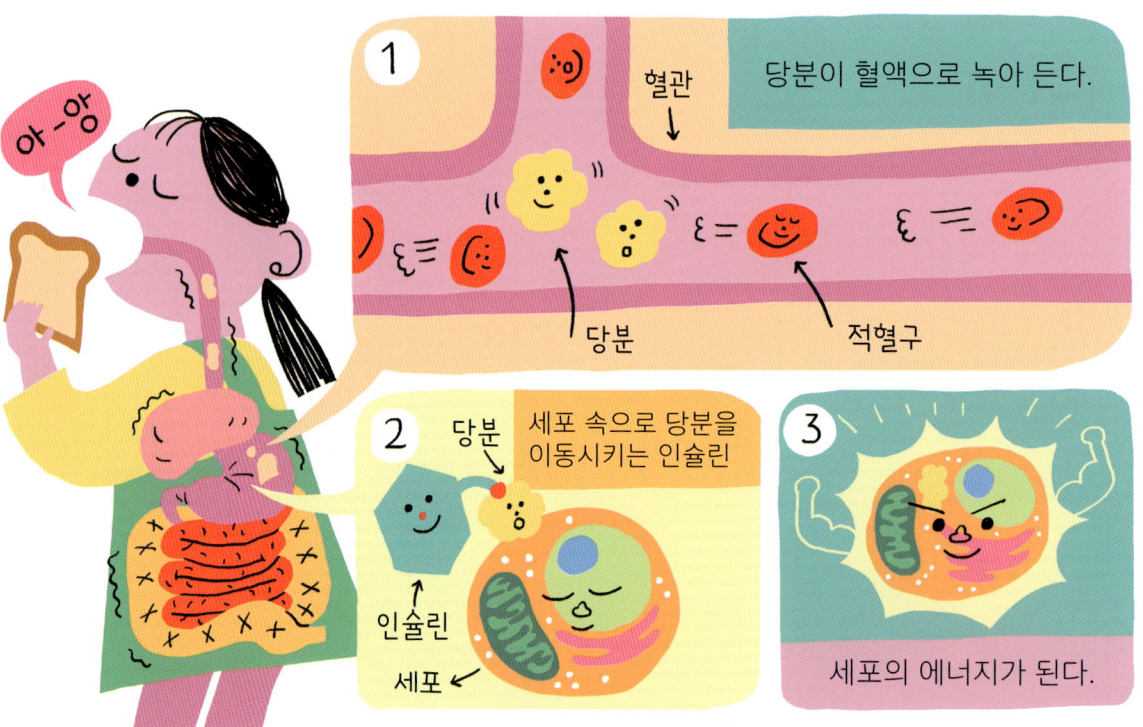

중요합니다. 만약 포도당이 부족하게 되면, 금방 피곤해지며 몸이 허약해지기도 하지요.

당분은 종류에 따라 단당류와 복합당으로 나누어져요. 단당류는 소화 흡수가 빨리 되는 당분이에요. 혈액에 빨리 흡수되어서 혈당이 금방 높아져요. 반대로 복합당은 분자가 크기 때문에 단당류로 분해되는 과정을 한 번 더 거쳐야 합니다. 자연히 혈액 속에 들어가는 속도가 늦어지고 혈당도 천천히 높아지지요.

혈당이 너무 빨리 높아지면 인슐린이 출동하게 됩니다. 인슐린은 바로 혈당을 낮추는 일을 하지요. 그러면 혈당이 뚝 떨어져서 우리 몸은 갑자기 무기력해지고, 배도 자주 고프며, 신경질적으로 변하게 되어요. 반대로 복합당은 분해되는 데에 시간이 많이 걸려 혈당량도 천천히 늘어나고, 그것을 쓰는 에너지도 오래 지속할 수 있어요. 그래서 배도 덜 고프고, 포만감도 오래가며, 무엇보다 인슐린을 적게 사용할 수 있습니다.

이런 혈당을 조절하는 인슐린의 분비가 제대로 이루어지지 않으면 당뇨병이 생겨요. 당뇨병은 심할 경우 실명, 신경통, 심혈관계 질환을 가져올 수 있지요. 당뇨병을 예방하기 위해서는 당연히 단당류보다 복합당이 들어 있는 식품을 먹는 게 좋겠지요?

흰쌀밥이나 흰 빵보다는 잡곡밥과 통밀 빵을!

음식을 먹고 일정 시간 뒤에 혈당이 얼마나 올라가는지를 숫자로 나타낸 것이 바로 '혈당 지수(GI, Glycemic Index)'예요. 당뇨병을 예방하기 위해서는 혈당 지수가

낮은 음식들을 먹어야 해요. 그래야 소화 시간이 오래 걸리고 혈당도 쉽게 올라가지 않거든요. 흰쌀밥이나 부드러운 흰 빵은 혈당 지수가 높은 식품이자 단당류가 들어 있는 대표적인 음식입니다. 반면 보리나 콩, 통밀가루, 현미 등은 복합당으로 이루어졌고, 식이섬유도 풍부해서 포만감도 높고 배변 활동을 원활하게 도와줍니다. 그렇다면 과일이나 곡식은 어떨까요? 과일은 종류마다 혈당 지수가 달라요. 한 예로 수박은 복숭아와 사과보다 혈당 지수가 높지요.

음식을 먹는 데에는 '무엇을' '얼마만큼' 먹는가가 정말 중요해요. 당연히 혈당 지수가 낮은 음식을 선택하는 것이 좋겠지요? 우리가 방과 후 간식으로 즐겨 먹는 라면이나, 영화관에 가면 필수로 먹게 되는 팝콘, 달콤한 시럽을 묻힌 도넛, 우동이나 흰쌀밥 등은 모두 혈당 지수가 높아요. 즉 이런 음식을 지나치게 많이 먹으면 우리 몸의 인슐린이 그 음식들 속 많은 당분을 미처 다 처리하지 못해 우리 몸에 지방으로 쌓이게 되지요. 다시 말해 성인병에 쉽게 걸리게 된다는 이야기예요. 그리고 인슐린이 너무 바쁘게 움직이다 보면, 분비 기능에 이상이 생겨 당뇨병에 걸리기 쉬워요. 바나나 사과 등은 비교적 혈당 지수가 낮은 식품이지만, 혈당 지수가 낮다고 지나치게 많이 먹는 것도 문제가 될 수 있어요. 무엇이든지 지나치면 해로우니까요.

탄수화물 중독

밥을 먹고 나서 후식으로 주로 어떤 음식을 먹나요? 달콤한 빵이나 과자, 초콜릿, 케이크 등을 먹는다면 탄수화물을 지나치게 많이 섭취하게 되므로 조심하는

게 좋아요. 그리고 평소에 당분이 많은 음식을 조절하지 못하고 계속해서 먹는다면 '탄수화물 중독'을 의심해 봐야 합니다.

우리 몸속에 탄수화물이 끊임없이 들어온다면 어떤 일이 벌어질까요? 앞에서 살펴본 대로 탄수화물 속 당분은 에너지로 변환되어 우리 활동에 쓰입니다. 그러나 쓰고 남은 탄수화물은 몸속에 지방으로 쌓아 두게 되지요. 다음번에 다시 쓸 수 있다면 좋겠지만 계속해서 탄수화물을 먹으니 사용되는 에너지보다 쌓이는 지방이 더 많아지는 게 당연하겠지요?

탄수화물은 쓰고 남으면 지방으로 변해 우리 몸에 빨리 쌓이지만, 반대로 지방은 탄수화물로 잘 바뀌지 않아요. 심지어 우리 몸에 저장될 공간도 지방이 탄수화물에 비해서 엄청나게 많답니다. 그래서 탄수화물을 지나치게 많이 먹게 되면 비만 체형으로 변하기 쉽겠지요.

어떤 당을 먹을지 선택하는 것과 더불어 얼마큼 먹는가가 정말 중요하답니다. 탄수화물의 섭취량은 조금 줄이는 대신 다른 영양소가 풍부한 음식들을 먹으면서 균형 잡힌 식사를 해야 해요. 또한 식사를 할 때 천천히 꼭꼭 씹어서 먹는 건 포만감을 늘려 주고 소화를 잘되게 하므로 과식이나 탄수화물 중독을 예방할 수 있습니다.

나도 탄수화물 중독일까요?

건강보험심사평가원에서는 아래 열 가지 항목 중 '예'가 세 개 이상일 경우 탄수화물 중독 가능성을, 네 개에서 여섯 개일 경우는 탄수화물 중독 위험성을, 일곱 개 이상이면 탄수화물 중독을 의심해 보아야 한다고 발표했습니다. 어린이 여러분은 아래 항목 중 몇 개나 해당이 되나요?

- ☐ 아침에 밥보다 빵을 주로 먹는다.
- ☐ 오후 세 시에서 네 시쯤이면 집중력이 떨어지고 배고픔을 느낀다.
- ☐ 밥을 먹는 게 귀찮게 느껴질 때가 있다.
- ☐ 주위에 항상 초콜릿이나 과자 같은 간식이 있다.
- ☐ 방금 밥을 먹었는데도 계속 배가 고프다.
- ☐ 잠들기 전에 야식을 먹지 않으면 잠이 오지 않는다.
- ☐ 식이 요법을 3일 이상 해 본 적이 없다.
- ☐ 단 음식은 상상만 해도 먹고 싶어진다.
- ☐ 배가 부르고 속이 더부룩해도 자꾸만 먹게 된다.
- ☐ 음식을 방금 먹은 후에도 만족스럽지 않다.

3장 매일 고기만 먹고 싶어요!

임파서블 버거

혹시 내가 먹고 있는 햄버거의 고기가 진짜 고기가 아닐 수도 있다는 생각을 해 본 적 있나요? 미국의 한 회사에서는 식물 성분을 이용하여 고기 맛이 나는 가짜 고기를 사용한 햄버거 '임파서블 버거'를 개발했어요. 왜 가짜 고기로 햄버거를 만들었을까요?

고기는 맛도 좋고 영양도 풍부한 단백질의 주요 공급원입니다. 하지만 식용 가축을 키우는 데에 드는 비용과 대가는 엄청납니다. 축산 과정에서 지구 환경을 오염시키기도 하고요. 임파서블 버거의 패티에 사용된 식물성 고기는 늘어난 육류 소비를 감당하고, 환경에도 피해를 덜 주기 위한 방법의 일환으로 탄생했습니다. 식물성 고기에는 헴(heme)이라고 하는 식물에서 추출한 헤모글로빈 성분이 들어가는데, 진짜 소고기와 비슷한 모양과 색깔, 맛을 낸다고 해요. 또한 식물성 고기에 대한 수요와 필요성은 계속해서 늘어날 전망이지요.

식물성 고기까지 만들어 내야 할 만큼 육식은 꼭 필요한 것일까요? 육식은 우리 식생활에 어떤 영향을 주는지 이제부터 함께 알아보아요.

완벽한 단백질, 고기

단백질은 우리 몸을 움직이게 만드는 근육의 주성분이에요. 그리고 병을 이겨 내는 면역력은 물론, 우리 몸을 이루는 세포 안의 각종 화학 반응 물질들이 쉽게 만들어지도록 도와주는 효소들과 그 외 호르몬, 항체, 혈액 등을 구성합니다. 그래서 단백질이 부족해지면 신체 성장이 제대로 이루어지지 않습니다.

단백질은 동물성 단백질과 식물성 단백질로 나뉘어요. 소고기, 돼지고기, 닭고기, 양고기, 생선, 달걀, 우유 등에 들어 있는 단백질을 동물성 단백질이라고 합니다. 콩이나 옥수수, 밀, 보리 등에 들어 있는 단백질을 식물성 단백질이라고 하지요.

단백질은 우리 몸에 직접 흡수가 안 되어서 '아미노산'이라는 작은 물질로 쪼개져 필요한 곳으로 운반됩니다. 많은 아미노산 중 라이신, 류신, 메티오닌, 발린, 이소류신, 트레오닌, 트립토판, 페닐알라닌, 이 여덟 가지는 반드시 음식을 통해 섭취해야 하는데, 이것을 '필수 아미노산'이라고 해요. 어린이의 경우 히스티딘도 꼭 필요합니다.

그런데 만약 단백질을 동물성 단백질로만 섭취한다면 우리 몸에 어떤 일이 일어날까요?

고단백 다이어트의 함정

비만으로 건강에 위험을 느낀 사람들을 위한 다이어트 방법으로 빵이나 국수, 밥 등 탄수화물로 이루어진 음식들 대신, 고기, 유제품, 달걀 등 동물성 단백질만 마

단백질을 구성하는 기본 단위
필수 아미노산

● **라이신**
소화를 돕고, 성장에 도움을 줘요. '라신'이라고도 해요.

● **류신**
모든 단백질을 만드는 데에 꼭 필요한 재료로, 성장과 뼈 구성에 필요해요.

● **메티오닌**
간의 기능을 돕고 머리카락과 피부의 생성과 성장에 도움을 줘요.

● **발린**
마음을 안정시키고, 근육 활동과 두뇌 활동을 원활하게 해 줘요.

● **이소류신**
헤모글로빈을 만들고 에너지를 만들어 성장하는 데에 꼭 필요해요.

● **트레오닌**
간에 지방이 쌓이는 것을 막고 소화 기능을 도우며 어린이의 성장과 면역에 좋아요.

● **트립토판**
콜레스테롤을 줄여 주고 면역력을 키워 주며 편안한 수면을 갖게 도와줘요.

● **페닐알라닌**
식욕을 조절하고 관절 건강에 도움을 줘요.

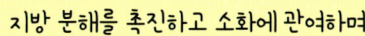

● **히스티딘**
지방 분해를 촉진하고 소화에 관여하며 자외선으로부터 피부를 보호해요.
==어린이 성장에 필수적임==✱

베지노믹스

　채식을 선택하는 사람들이 늘어나면서 동물성 원료 대신 식물성 원료를 사용하는 상품들이 나오기 시작했습니다. 임파서블 버거와 같이 채식주의자를 위한 메뉴를 개발한 식당이 빠르게 늘어나며 외식 업계가 가장 먼저 변화했고, 미용 업계와 의류 산업에도 큰 영향을 미치고 있어요.

　예를 들어 동물 실험을 하지 않은 화장품을 생산하고, 동물의 가죽을 사용하지 않은 가방, 동물 털이 들어가지 않은 점퍼, 목화솜을 사용한 스웨터를 만드는 것이지요. 이렇게 채식이 경제 전반의 흐름에 영향을 주는 것을 '베지노믹스'라고 합니다.

　채소(베지터블, vegetable)와 경제(이코노믹스, economics)의 합성어인 베지노믹스는 세계 경제의 관심사로 떠올랐어요. 이제 달걀 없이 만든 마요네즈, 버터를 넣지 않은 초콜릿, 고기 육수를 사용하지 않은 채식 라면 등을 예전보다 쉽게 슈퍼마켓에서 만나 볼 수 있게 되었지요. 또한 앞으로도 더 다양한 채식 관련 상품들이 우리의 식탁과 생활에 등장할 것이라는 전망입니다.

음껏 먹으며 살을 빼는 고단백 다이어트 방법이 유행한 적이 있어요.

　사실 체중 조절을 위해 평소보다 음식을 덜 먹고, 즐겨 먹던 간식들도 제한해야 하는 것은 힘든 일이지요. 그런데 고기를, 그것도 마음껏 먹는 다이어트라니! 살을 빼려고 결심한 사람들에게는 꿈 같은 방법일지도 몰라요.

　고단백 다이어트의 원리는 사실 단백질을 먹는 게 아니라 탄수화물을 먹지 않는 데에 있어요. 탄수화물이 우리 몸에서 하는 역할은 에너지를 만들어 주는 것이지요. 그런데 이미 너무 많은 탄수화물을 먹어서 살이 찌게 된 것이니, 더 이상의 탄수화물을 우리 몸에 공급하지 않는 것이랍니다. 그러면 몸에 저장된 지방들이 에너지를 얻기 위해 분해되고, 이때 살이 빠진다는 원리예요. 탄수화물은 먹지 못하지만, 대신에 동물성 단백질 식품은 얼마든지 먹어도 되기 때문에 많은 사람들이 이 다이어트 방법에 열광했습니다.

그런데 고단백질을 지나치게 많이 먹으면 우리 몸엔 어떤 일이 일어날까요? 동물성 단백질은 우리의 성장에 필수적인 아미노산이 풍부한 영양소입니다. 그러나 지나치게 많이 먹을 경우 단백질이 분해되며 나오는 암모니아나 요소 같은 독성 물질들이 만들어져요. 이런 나쁜 물질을 없애기 위해서는 칼슘, 마그네슘 등의 무기질과 비타민 E, A, B_1, B_2 등이 필요하지요. 그래서 몸속 무기질과 비타민이 부족해지기 쉽습니다. 또 핏속에 케톤이라는 화합물이 쌓여서 신장이 약해지고, 지방산과 나쁜 지방인 콜레스테롤이 늘어나 심할 경우 심장병을 일으킬 수도 있지요.

축구 경기를 예로 들어 볼까요? 축구는 열한 명의 선수가 각자 공격과 수비 같은 자신의 역할에 맞는 다양한 포지션에서 경기를 해요. 그런데 열한 명 모두 공격수가 된다면 어떻게 될까요? 득점을 위해 공격수가 중요하지만 상대편의 공격을 막는 수비수가 한 명도 없다면 실점을 할 수도 있고 경기를 망치게 되겠지요. 우리 몸의 조화로운 성장을 돕는 영양소들도 축구 경기와 마찬가지예요. 아무리 중요하고 몸에 꼭 필요한 영양소라고 해도 그것 하나만으로는 우리 몸이 제대로 살아갈 수 없어요. 고기만 먹고 다른 영양소는 제한하는 고단백 다이어트를 길게 지속하면 오히려 건강에 해로울 뿐만 아니라 요요 현상도 올 수 있답니다.

고기를 선택할 때 한 번쯤 생각해야 하는 것들

과다한 항생제 섭취

샐러드 한 접시를 먹는 것보다 삼겹살을 구워 먹고 스테이크를 썰어 먹어야 제대로 챙겨 먹은 것 같은 기분이 드나요? 그런데 내 앞의 접시에 있는 고기 한 조각은 어떤 과정을 거쳐 식탁 위에 오르게 되는 걸까요?

우리가 식탁에서 만나는 고기 요리의 원재료가 되는 것은 모두 가축이라 불리는 동물에서 얻습니다. 가축들은 야생에서와 달리 인간이 주는 먹이를 먹으며 살아가지요. 이것을 '사료'라고 부르는데, 사람들은 가축의 사료에 '항생제'라는 약물을 넣습니다. 항생제는 원래 우리 몸에 해로운 세균이 들어왔을 때 그것을 약하게 만들거나 없애 주는 일을 하기 위해 만들어진 것이지요. 하지만 가축에게 쓰는 항생제는 가축의 질병을 막기 위한 질병 항생제 외에도 크기를 크게 만들기 위해 사용하는 성장 촉진 항생제가 있어요.

동물들은 몸이 아파도 아프다고 말하지 못해요. 그래서 가축을 키우는 농부는 병에 걸리기 전에 미리 사료에 질병 항생제를 섞는 거예요. 또한 늘어나는 고기 수요를 따라가기 위해 빨리 자라는 약인 성장 촉진 항생제도 사료에 넣습니다. 예를 들어 소는 보통 태어난 지 3년이 지나야 식용으로 사용할 수 있지만 성장 촉진 항생제를 섞은 사료를 먹은 소는 18개월만 지나도 식용으로 사용할 수 있을 만큼 자란다고 해요. 돼지나 닭도 마찬가지입니다.

전염병을 예방하기 위해 추가적으로 항생제 주사를 놓기도 합니다. 이는 동물들이 전염병에 걸려 떼죽음을 당하는 것을 예방해요. 하지만 이러한 과정에서 돌연변이 병원체가 만들어지고, 이로 인해 신종 전염병이 발생하기도 해요. 신종 전염병은 동물뿐 아니라 때로는 사람들의 목숨을 위험하게 한답니다. 조류인플루엔자처럼요.

이런 돌연변이 항생제 내성균은 고기를 직접 먹어 우리 몸속에 들어오기도 하지만, 가축들이 배설한 똥과 오줌이 땅에 흡수되고 물로 흘러 들어가면서 우리도 모르는 사이 먹게 되는 경우도 있답니다. 어떤 방법으로든 우리가 항생제에 많이 노출되면 내성이 생겨서 병의 치료가 어려워져요. 또한 어떤 사람은 그런 항생제에 알레르기를 일으키기도 합니다.

지구 온난화와 메탄가스

소고기 1킬로그램을 생산하기 위해서는 곡물 7킬로그램이 필요해요. 또한 소고기 1킬로그램을 얻기 위해 필요한 물 역시 식물성 단백질을 얻을 수 있는 곡물 1킬로그램을 생산하기 위해 드는 물보다 훨씬 많이 필요합니다.

혹시 가축을 먹이기 위해 열대림의 나무들을 베어 내고, 그 자리에 옥수수를 심는 사진을 본 적이 있나요? 이렇게 파괴된 숲으로 지구의 공기 질은 더욱 나빠지게 되지요. 게다가 소 한 마리는 하루에 21.3킬로그램의 분뇨를 배출합니다. 이런 가축의 배설물에서 발생하는 메탄가스와 황화수소, 이산화탄소, 암모니아 등은 악취가 나는 것은 물론이고 지구 온난화에도 영향을 줍니다. 특히 메탄가스는 이산화탄소의 20배가 넘는 온실 효과를 가져오는 대기 온난화의 주범이지

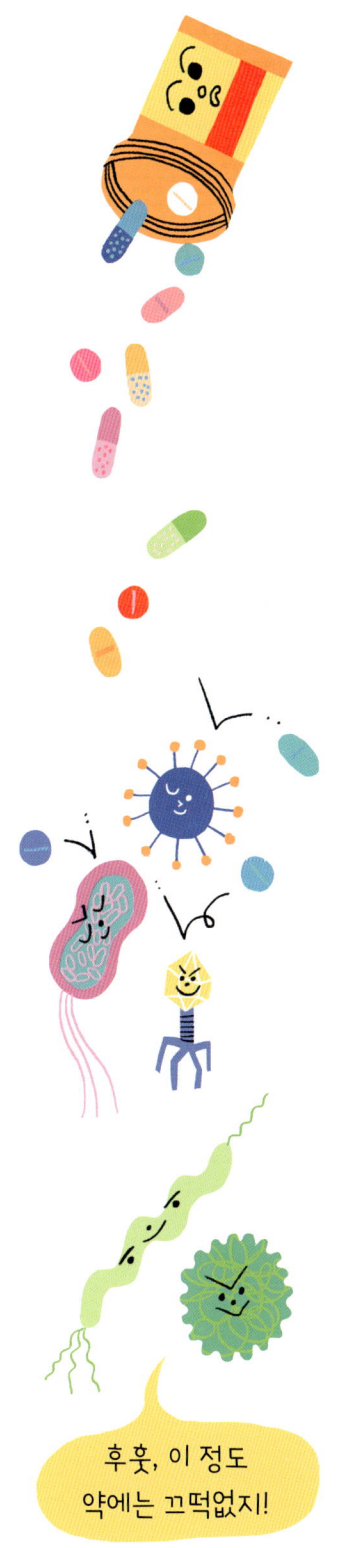

후훗, 이 정도 약에는 끄떡없지!

요. 가축의 분뇨와 축산으로 생겨난 폐수가 땅으로 스며들 경우 땅을 오염시키고 우리가 먹는 지하수에도 영향을 미칠 수 있습니다.

공장식 동물 사육

온 가족이 모여 국가 대표 축구 경기를 응원할 때 빠지지 않는 음식 중 하나가 치킨일 거예요. 전국의 수많은 치킨집에서 불티나게 팔리는 치킨의 원료는 닭이지요. 치킨의 수요를 충족시키기 위해 운영되는 공장식 양계장에서는 어떤 일들이 벌어질까요?

일단 병아리가 태어나면 감별사에 의해 수컷 병아리는 도살됩니다. 살아남은 암컷 병아리들은 닭 한 마리가 겨우 움직일 수 있는 공간 안에 일고여덟 마리가 함께 살게 됩니다. 닭은 자연 상태에선 수명이 30년 정도인데, 공장식 양계장에서 태어난 닭은 한 달이면 도축됩니다. 닭이 더 많이 알을 낳게 하기 위해 강제 털갈이도 시킵니다. 닭은 털갈이할 때가 되면 알을 잘 낳지 않기 때문에 강제로 털갈이를 시켜 빨리 다시 알을 낳게 하는 것이지요. 또, 자연에서의 닭은 하루에 한 번 알을 낳기 때문에 양계장에서는 두 시간마다 불을 껐다 켰다를 반복하며 시간의 흐름을 헷갈리게 해 산란을 유도해요. 이런 과정에서 닭들은 엄청난 스트레스를 받아 부리로 서로를 공격하기도 합니다. 그래서 이걸 막기 위해 닭의 부리를 뭉툭하게 잘라 버리기도 하지요.

공장식 양계장에서 대규모로 길러지는 대부분의 닭들은 항생제가 든 사료를 먹고, 비좁은 우리에서 자신들의 분뇨 더미에서 나오는 암모니아 가스에 둘러싸여 생활하며, 몸을 옴짝달싹 못 하는 스트레스에 온갖 질병들까지 앓다가 도축되어서 우리 식탁에 오르게 되는 것이지요.

돼지나 소, 다른 가축도 크게 다르지 않습니다. 가축들을 기르는 농부의 입장에서는 동물 복지를 최우선으로 생각할 수는 없을 겁니다. 생명이 있는 것이라기보다는 하나의 상품으로 취급하기 쉽고, 잔인하게 학대하는 경우도 있지요. 소비자가 육질이 좀 더 부드럽고 맛있으며 가격도 저렴한 고기를 원할수록 대량 사육되는 가축들의 사육 환경은 나빠지고, 그에 따른 피해도 커집니다. 이런 비윤리적인 사육 방법으로 길러진 고기를 선택하는 소비자 역시 대장균, 2형 당뇨, 햄버거병˚ 등 건강을 위협하는 각종 질병들에서 안심할 수 없게 되지요.

채식을 선택하는 사람들

공장식 축산의 비윤리적인 형태에 반대하며 동물도 고통받지 않고 살아갈 권리가 있다고 생각하는 사람들이 점점 늘고 있습니다. 또 자연환경의 파괴를 경고하며, 동물 실험 금지와 함께 친환경 유기농 채소를 주식으로 하는 채식주의를 선언하는 사람들도 늘어났습니다. 환경이나 동물 보호를 위해서뿐만 아니라 다이어트나 종교적인 이유로 채식을 선택하기도 합니다.

그런데 모든 채식주의자(베지테리언)가 무조건 하루 세끼를 모두 채소로만 먹지만은 않는답니다. 채식을 기본으로 하지만 가끔 고기도 먹는 **플렉시테리언**, 아예 고기뿐만 아니라 유제품, 달걀, 꿀도 먹지 않는 **비건**, 고기는 먹지 않지만 어류와 유제품, 달걀은 먹는 **페스코**, 고기와 어류는 먹지 않고 유제품과 달걀은 먹는 **락토오보** 등 채식주의에도 여러 종류가 있어요.

채식을 하면 비타민 B_{12} 같은 영양소가 부족해질 수 있어 몸에 해롭다는 의견도 있습니다. 그러나 채식과 육식은 왼쪽과 오른쪽같이 반대의 개념이라고 보기 어렵습니다. 어떤 쪽이 옳고 어떤 쪽이 틀렸다고 말하기도 쉽지 않습니다. 만약 채식을 하고 싶은 어린이가 있다면 성장기의 균형 잡힌 영양 섭취를 위해 부분적인 채식을 선택해 보는 것도 방법일 것입니다. 예를 들어 플렉시테리언이 되는 것이지요.

플렉시테리언은 플렉시블 베지테리언(Flexible Vegetarian)의 줄임말로 '융통성 있는 채식주의자'란 뜻으로 쓰입니다. 즉, 채식을 하지만 가끔은 해산물과 조류, 소고기나 돼지고기도 먹는 채식주의자를 말합니다. 일주일 중 주중에는 채소만, 주말에는 고기를 먹는 사람들도 있고, 일주일에 하루를 고기 먹지 않는 날로 정하고 실천하는 사람들도 있어요. 또 하루 중 오후 여섯 시 전까진 고기를 먹지 않는 규칙을 세워 지키는 사람들도 있지요.

최근 영국의 한 연구 결과에 의하면 현재와 같은 육식 위주의 식생활과, 이로 인해 가축을 기르면서 일어나는 지구 환경 파괴는 인류의 생존을 위협할 수준이 되었다고 해요. 그리고 이러한 위기를 피하기 위해서는 식생활의 대변화가 있어야 한다고 이야기하지요. 그렇다고 고기 섭취를 완전 제한하고 풀만 먹자는 것은 아닙니다. 고기 위주의 식단보다는 채소와 과일의 비중이 높은 식단의 선택을 추천하는 것이지요. 바로 플렉시테리언의 식습관 말이에요.

● **햄버거병** 정식 명칭은 용혈성 요독 증후군으로, 짧은 시간에 신장을 망가뜨리는 질환

4장 감자튀김이 더 좋아요!

세계에서 가장 무거운 소년

얼마 전 인도에 사는 237킬로그램의 14세 소년을 초고도 비만으로 만든 건 바로 감자튀김과 탄산음료, 아이스크림이었다는 소식이 전해지며 화제가 되었습니다. 소년은 걷기도 힘든 몸 상태 때문에 학교에도 가지 못하고 침대에서만 생활하며 당뇨병, 호흡기 질환, 각종 성인병에 시달렸다고 해요.

특히 소년이 즐겨 먹었다는 감자튀김은 발암 물질이 발생할 가능성이 있고, 또한 비만을 일으키는 지방 성분이 많아서 너무 많이 먹을 경우 건강한 성장에 방해가 되고, 살이 쉽게 찌며 몸에 해롭습니다.

그런데 지방은 과연 우리 몸에 아무 도움도 되지 않는 불필요한 것일까요? 지방이 우리 몸에서 하는 역할과, 많이 먹었을 경우 일어나는 문제들을 함께 알아보기로 해요.

우리 몸에 꼭 필요한 영양소, 지방

지방은 우리 몸이 필요로 하는 에너지를 만들어 내는 데에 큰 역할을 한답니다. 체온을 유지해 주고, 뇌의 65퍼센트를 구성하는 물질이기도 하지요. 또한 각종 호르몬의 합성을 도와주기도 하고, 지방에 잘 녹는 비타민인 지용성 비타민의 흡수를 돕습니다. 우리 몸속에 지방이 부족해지면 배고픔을 빨리 느끼게 되기도 합니다.

지방이 우리 몸속에 들어오면 지방산으로 분해가 되어요. 지방산 중에서도 매우 중요한 것이 바로 '필수 지방산'입니다. 필수 지방산이 부족할 경우 우리는 쉽게 피

오메가-3

필수 지방산의 하나인 오메가-3는 우리 몸에 이로운 디에이치에이(DHA)나 이피에이(EPA)가 많아요. 오메가-3는 고등어와 청어, 연어, 멸치, 정어리 같은 생선뿐만 아니라 호두, 아마씨, 콩에도 들어 있어서 이들 음식을 편식하지 말고 골고루 먹는 습관을 들이는 것이 좋아요. 오메가-3가 많이 든 음식을 먹으면 어린이들의 두뇌 발달과 뇌 건강, 눈 건강에 도움을 주고, 주의력 결핍 및 과잉 행동 장애(ADHD)의 예방에도 효과가 있다는 연구 결과가 보고되었습니다. 또한 심장을 건강하게 하고 감정 조절에도 도움을 줘 우울증에도 효과가 있습니다.

곤을 느끼고 집중력과 면역력이 약해지며 피부도 푸석푸석해지고 건조해집니다. 그러므로 단백질의 필수 아미노산과 마찬가지로 지방의 필수 지방산도 반드시 섭취해 줘야 합니다.

혹시 콜레스테롤이란 말을 들어 봤나요? 콜레스테롤은 지방의 한 종류로 우리 몸을 이루는 세포막, 신경 세포를 구성해요. 그리고 스테로이드 호르몬과 담즙산을 만드는 일도 도와주지요. 콜레스테롤은 크게 세 가지로 나눌 수 있어요. 좋은 콜레스테롤이라고 부르는 에이치디엘(HDL), 나쁜 콜레스테롤이라고 부르는 엘디엘(LDL), 그리고 중성 지방으로 나뉩니다. 좋은 콜레스테롤은 혈관 속에서 나쁜 콜레스테롤과 중성 지방의 찌꺼기들을 청소해 몸 밖으로 배출시켜요. 한마디로 혈관을 깨끗하게 해서 피를 잘 돌게 해 주는, 우리 몸에 꼭 필요한 성분이지요. 지방 속에 이런 좋은 콜레스테롤을 늘리고 나쁜 콜레스테롤을 줄이기 위해서는 올바른 식품 선택과 생활 습관 개선이 무엇보다 중요하답니다.

식물성 지방

식물 속에도 지방이 있어요. 주로 액체 상태로 이루어져 있는데 우리가 잘 아는 참기름이나 들기름도 식물성 지방이에요. 참깨를 볶아 기름을 짜내 만드는 참기름은 불포화 지방산이 풍부해서 나쁜 콜레스테롤의 생성을 막아 줍니다. 들기름도 마찬가지예요. 들기름은 아마씨유와 함께 '슈퍼 오일'로 불리기도 해요. 들기름에는 오메가-3 성분이 60퍼센트 이상 들어 있어서 암 발생률을 낮춰 주고 콜레스테롤 수치를 떨어뜨리기 때문이지요. 또 혈액 순환과 두뇌 활동을 돕는 역할을 하기

도 해요.

　다른 식물 속 기름은 어떨까요? 호두 기름에는 비타민과 오메가-3가 들어 있어 피부 노화를 막고 뇌 기능을 활성화해서 성장기 어린이에게 특히 좋아요. 또한 아보카도 기름에는 비타민 E가 풍부해서 머릿결을 좋게 하고 비듬이 생기는 것을 막아 줘요. 베타카로틴이 풍부해 당뇨나 눈 건강에 좋지요. 포도씨유는 동맥 경화와 피부 노화를 막고 고혈압 등 성인병 예방에 좋아요. 이밖에도 두통과 변비, 마른기침에 좋은 잣기름, 필수 아미노산과 필수 지방산이 풍부한 현미의 쌀겨를 이용해서 만든 미강유(쌀겨기름), 나쁜 콜레스테롤의 수치를 낮춰 주는 오메가-6가 풍부한 해바라기유와 면실유, 몸에 좋은 불포화 지방산인 올레산이 풍부하게 들어 있어 몸속 지방을 태우고 혈관 속의 중성 지방을 낮춰 성인병 예방에 좋은 올리브유 등이 있습니다.

마가린 대 버터

　마가린을 이용해서 노릇노릇하게 구운 식빵을 보면 고소한 향에 입안에 군침이 저절로 돕니다. 19세기 프랑스의 나폴레옹 3세는 비싼 버터를 먹지 못하는 가난한 사람들과 전쟁터에서 쉽게 버터를 구할 수 없는 군인들을 위해 버터를 대체할 것을 만들라고 지시했어요. 이에 프랑스 화학자 메주 무리에가 소기름에 식품 첨가제를 섞어 버터와 비슷한 마가린을 개발해 냈지요. 지금은 마가린을 만들 때 동물성 지방 대신 식물성 지방을 사용하는데, 식물에 들어 있는 액체 상태의 지방에 수소를 첨가해 동물성 지방인 버터처럼 사용하기 쉽게 만들어요. 주로 옥수수나 콩의 기름에 수소를 첨가하지요. 이렇게 액체 상태의 지방이 반고체 상태로 변한 지방을 '트랜스 지방'이라고 불러요.

　여기서 잠깐 지방의 종류를 짚어 볼까요? 지방은 포화 지방, 불포화 지방, 트랜스 지방으로 나눌 수 있어요. 포화 지방은 주로 버터나 버터를 이용하여 만든 과자, 팜유•, 소고기나 돼지고기 등 육류에 포함된 기름 성분에 주로 들어 있어요. 포화 지방이 우리 몸에 지나치게 많이 들어오면 대장암, 췌장암, 난소암을 일으키고, 동맥경화, 심혈관계 질환, 뇌 질환 등의 원인이 된다고 합니다.

　불포화 지방은 주로 식물 속에 들어 있어요. 나쁜 콜레스테롤 수치를 낮춰 주고 우리 몸의 세포막을 형성하지요. 또한 신경을 안정시켜 주며 포만감을 지속시켜서 식욕을 억제하는 기능이 있는 좋은 지방입니다.

　트랜스 지방의 대표적인 식품이 바로 마가린입니다. 트랜스 지방은 우리 몸속에 들어와 좋은 콜레스테롤은 줄이고 나쁜 콜레스테롤을 늘리는 일을 합니다. 이렇게

●**팜유** 팜나무 열매에서 짜낸 과육 기름

다는 논란도 있었습니다. 그래서 유럽연합에서는 한때 '팜유 무첨가' 표시제를 시행하기도 했지요. 또한 팜유를 200도 이상으로 가열할 때 발암 물질이 나온다는 이유로 이탈리아 최대 슈퍼마켓 체인인 '코프'는 팜유가 함유된 200개 제품의 판매를 금지하기도 했습니다.

우리나라 마트에서도 과자, 라면, 초콜릿 등 팜유가 들어간 다양한 식품들을 쉽게 만날 수 있어요. 사실 팜유가 안 들어간 것을 찾는 것이 더 어렵지요. 바삭바삭한 식감을 내고 다른 기름보다 오래 보관하기 좋다는 장점 때문에 식품 업체에서는 여전히 팜유를 선호하고 있거든요.

팜유 이야기

팜유는 열대의 기름야자 열매에서 추출하는 식물성 기름으로, 실온 상태에서 장기간 보존이 가능해서 라면이나 과자 같은 식품을 만들거나, 비누나 자외선 차단제 같은 화장품을 만들 때, 또는 바이오 디젤의 원료로도 쓰여요. 게다가 트랜스 지방도 없고 비타민과 항산화 물질이 풍부하게 들어 있지요.

팜유는 대부분 인도네시아와 말레이시아에서 생산하는데, 이들 국가에서 아주 비중 있는 수출 품목 중 하나예요. 그래서 팜유 생산국은 더 많은 팜유를 생산하기 위해 열대 우림을 없애면서까지 팜 농장을 만들고 있어요. 이로 인해 환경이 파괴되고 생물 다양성이 감소하기 때문에 환경친화적이지 않다는 비판이 끊이지 않습니다.

열대 우림을 팜 농장으로 만들 때, 우림을 불로 태워 제거한 뒤 팜유를 얻기 위한 기름야자나무를 심습니다. 이 과정에서 어마어마한 양의 탄소가 나오고, 멸종 위기종인 오랑우탄의 서식지도 파괴되지요. 전문가들은 이런 추세라면 25년도 안 되어 오랑우탄은 멸종될 것이라고 예측하고 있습니다.

또한 팜유 자체에 포화 지방 수치가 높아 암을 유발할 수 있

트랜스 지방의 하루 권장량은 2.2그램이에요. 그런데 식품에 영양 성분을 표기할 때 그 식품 속에 트랜스 지방이 100그램당 약 0.2그램 이하로 들어 있으면 트랜스 지방 함량을 0퍼센트라고 표시할 수 있다고 해요. 그러니 식품 영양 성분 표시만 보고 안심하면 안 돼요.

우리 몸에 나쁜 트랜스 지방을 먹지 않기 위해서는 트랜스 지방 성분으로 만들어진 식품을 고르지 않고, 요리를 할 때에도 신선한 기름을 사용했는지 알아보는 것이 좋겠지요?

되면 혈액 속에 나쁜 콜레스테롤이 많아지고 지방 세포도 커져서 비만의 위험이 높아지지요. 트랜스 지방은 마가린뿐만 아니라 각종 튀김 기름에도 있습니다.

  치킨이나 도넛, 돈가스, 감자칩 등을 튀길 때 사용하는 기름은 한 번만 사용해도 네 시간 정도 지나면 트랜스 지방으로 변합니다. 이 기름에 튀겨 낸 음식을 먹는다면 우리는 음식과 함께 트랜스 지방도 먹게 되는 것이지요. 트랜스 지방이 우리 몸에 들어오면 6개월 이상, 어쩌면 죽을 때까지 우리 몸속에 남아 있을 수 있답니다. 그래서 이왕이면 마가린보다 버터를 선택하는 것이 좋아요. 마가린은 순수한 지방 성분인 버터를 대신해 사용하기 위해 인위적으로 만들어 낸 트랜스 지방 성분이기 때문에 식물성이라도 좋지 않은 식품이에요.

버터와 마가린 중 누가 더 건강할까?

인기 셰프가 학교에 간 이유

어린이·청소년의 입맛에 딱 맞으면서 영양도 균형 잡힌 완벽한 급식 식단을 만들기는 어려운 일일까요? 미국의 유명 셰프인 다니엘 지우스티는 그의 팀원들과 함께 '학교 급식 혁명'을 목표로 비영리단체인 브리게이드라는 단체를 만들었어요. 그리고 학생들에게 제공할 영양이 골고루 들어 있으면서 맛도 좋고 가격도 저렴한 급식을 개발하기 위해 노력하고 있지요.

다니엘이 급식 개선에 적극적으로 나선 이유는 바로 채소 때문이래요. 채소를 싫어해서 편식을 하는 학생들도 고른 영양 섭취를 할 수 있도록 급식 환경을 개선해 보고자 한 것이지요. 어떻게 하면 어린이·청소년들이 채소는 맛이 없다는 편견에서 벗어나, 다양한 채소를 맛있게 먹을 수 있을지가 다니엘의 가장 큰 고민이랍니다.

채소를 싫어하는 현상은 세계 어린이·청소년들에게 공통적으로 나타나는 현상이에요. 그런데 정말 채소가 그렇게 맛이 없을까요? 만약 채소를 먹지 않는다면 우리 몸에 무슨 일이 일어날까요? 카레나 볶음밥에서 당근을 골라내거나 국에 들어간 파를 차곡차곡 건져 내 본 경험이 있다면, 이제부터 채소가 우리 몸에서 하는 일이 무엇인지 하나하나 알아보며 편식 습관을 고칠 수 있는 방법을 함께 고민해 봤으면 좋겠어요.

작지만 힘이 센 비타민과 무기질

당근, 오이, 버섯, 우엉, 가지, 피망 등은 우리가 식사 때마다 기피하는 단골손님이지요. 그런데 먹기 싫어 골라내기에 바빴던 이 식품들 속에 우리 몸이 꼭 필요로 하는 슈퍼 영양소가 가득 들어 있다는 사실을 알고 있나요?

슈퍼 영양소인 비타민과 무기질은 우리 몸에 필요한 양은 정말 적지만 우리 몸속에서 저절로 합성되지 않아요. 반드시 음식으로만 섭취가 가능하지요. 그래서 편식을 하게 되면 비타민과 무기질을 제대로 공급받지 못하게 되고, 결국 우리는 심각한 병에 걸릴 수도 있답니다.

탄수화물, 단백질, 지방과 함께 비타민, 무기질은 우리 몸에 꼭 필요한 5대 영양소입니다. 지금부터 이 슈퍼 영양소가 우리 몸에 어떤 도움을 주고 어떤 음식 속에 많이 들어 있는지, 또 부족하거나 넘치게 섭취할 경우 우리 몸에 어떤 일이 일어나는지 알아볼까요?

비타민

비타민은 아주 적은 양으로도 우리 몸의 신체 기능을 조절하지만, 몸속에서 만들어지지 않기 때문에 음식을 통해 얻어야 해요. 그런데 모든 비타민을 무조건 많이 먹어야 하는 것은 아니에요.

비타민은 크게 수용성 비타민과 지용성 비타민, 두 가지로 나뉩니다. 수용성 비타민은 물에 잘 녹는 성질 때문에 혈액 속에 곧바로 들어가 활동을 하고, 쓰고 남은 것은 소변을 통해 바로 몸 밖으로 배출되어요. 그래서 수용성 비타민은 매일 일정 양을 먹어 주는 것이 좋아요. 몸속에 저장이 안 되니까요.

푸드 네오포비아

네오포비아(neophobia)라는 말은 낯선 것에 대한 공포를 뜻하는 말이에요. 낯선 모양이나 익숙하지 않은 색깔이나 맛, 냄새가 나는 음식을 만나면 일단 거부 반응을 보이는 것도 마찬가지예요. 특히 채소나 과일 중에 많아서 아무리 영양 만점인 식품이라도, 어떤 사람들에게는 인기가 없거나 심지어 공포의 대상이 되곤 하지요. 이렇게 특정 음식에 대한 공포에 가까운 거부감을 갖는 것을 푸드 네오포비아라고 해요. 채소는 특유의 강한 향과 씁쓸한 맛 때문에 사람들에게 편식 습관을 일으키게 합니다. 게다가 일단 단맛에 길들여지게 되면 채소를 먹기가 더욱 어려워진답니다. 특정 채소를 싫어한 어린이는 어른이 되어서도 멀리한다는 조사 결과도 있어요.

반대로 지용성 비타민은 물과 잘 섞이지 않는 성질 때문에 혈액 안으로 들어가려면 다른 지용성 단백질의 도움을 받아야 해요. 마치 수영을 할 수 있는 사람은 스스로 헤엄치지만 그렇지 못한 사람은 튜브의 도움을 받는 것처럼 지용성 단백질이 튜브 역할을 해 준답니다. 우리 몸은 사용하고 남은 지용성 비타민을 몸 밖으로 내보내는 것도 어려워해서 그냥 몸 안에 저장해 두어요. 그래서 지용성 비타민이 부족할까 봐 매일 챙겨 먹을 필요는 없지요.

대표적인 수용성 비타민은 비타민 C예요. 비타민 C가 부족하면 혈관 벽이 약해져서 빈혈이 일어나기 쉽고, 잇몸과 피부에서 쉽게 피가 나는 괴혈병에 걸릴 수 있으며 잇몸이 약해지며 치아가 흔들리기도 해요. 또한 면역력도 떨어져서 감염이 잘 되고 늘 피곤함을 느끼며, 우울한 감정을 자주 느끼고 소화도 잘 안 되지요. 비

타민 C는 주로 딸기, 오렌지, 레몬, 키위, 귤 등 신맛이 나는 과일에 많아요. 그리고 의외로 감자, 고구마, 시금치 같은 채소에도 듬뿍 들어 있답니다.

그런데 비타민 C를 필요량보다 너무 많이 먹게 되면 어떤 일이 생길까요? 속이 매스꺼워지고 배가 아프거나 설사가 나는 등 위장에 이상이 생길 수 있어요. 아무리 몸에 좋은 음식도 적당량을 먹어야 하는 것은 비타민이라 해도 예외가 아니지요.

이제 대표적인 지용성 비타민을 알아볼까요? 바로 파슬리, 브로콜리, 시금치, 양배추 등 녹색 채소에 많이 들어 있는 비타민 K예요. 비타민 K는 뼈의 성장을 도와 골다공증과 심장병을 예방해요. 또, 피를 빨리 굳게 해서 출혈이 생길 경우 빨리 멈추게 해 줘요. 그래서 장염에 걸리면 생기는 위장 출혈을 지혈하기도 하지요. 혹시 장염에 자주 걸리는 어린이가 있다면 비타민 K 결핍을 의심해 볼 수 있답니다.

무기질

우리 몸을 이루는 원소는 54가지 정도라고 해요. 그중 산소, 질소, 탄소, 수소를 제외한 원소를 무기질이라고 부릅니다. 다른 말로 미네랄이라고도 해요. 우리 몸의 약 4퍼센트가 무기질로 이루어져 있지요.

무기질은 주로 채소, 육류, 해산물에 많이 들어 있어요. 대표적으로 잘 알려진 무기질로는 칼슘이 있어요. 칼슘은 어린이의 성장 발육을 돕고 뼈가 약해지는 골다공증을 예방합니다. 고기나 우유에 들어 있는 인이라는 무기질도 칼슘과 마찬가지 역할을 해요. 우리의 치아와 뼈를 만드는 데에 도움을 주지요.

그밖에 근육의 긴장과 이완에 관여하는 마그네슘, 갑상선 기능에 영향을 주는 아이오딘(요오드), 혈압을 낮춰 주는 칼륨, 빈혈을 예방하는 철분, 세포를 손상시키는

활성 산소를 제거해 주는 셀레늄, 또 불소, 크롬, 망간, 아연 등이 우리 몸에서 활동하는 무기질입니다.

하지만 무기질은 과잉 섭취할 경우 오히려 독성이 생겨 다른 무기질의 흡수를 방해하기도 합니다. 예를 들어 볼까요? 콜라에는 인이 많아요. 하지만 콜라의 인은 천연 인과 달리 첨가제 형태이므로 단백질에 결합되지 않으며, 장기간 마실 경우 치아 부식과 요로 결석의 원인이 되어요. 또한 칼슘 섭취도 억제해 골다공증에 걸리기도 쉬워져요.

알록달록 컬러 푸드

비타민과 무기질을 손쉽게 먹을 수 있는 방법은 바로 매 식사 때마다 채소를 함께 먹는 것입니다. 당연히 한 가지 채소만 먹기보다는 골고루 먹어야 더 다양한 영양소를 먹어 우리 몸을 건강하게 할 수 있지요. 그렇다면 어떤 채소를 선택해야 할까요? 채소는 각자 고유의 색깔을 가지고 있어요. 그래서 채소를 빨강, 초록, 노랑, 보라 등 알록달록한 색깔로 나눠서 생각할 수 있어요. 지금부터 각 색깔에 따른 채소들과, 거기에 들어 있는 영양소들이 하는 일을 살펴보고, 우리 몸을 위해 여러 색의 채소를 함께 먹는 습관을 길러 봅시다.

초록색 채소: 혈관과 위장을 튼튼하게 해 줘요!

시금치를 먹으면 생기는 초인적인 힘으로 악당을 물리치는 〈뽀빠이〉라는 만화를 아시나요? 초록색을 띠는 시금치 속에는 엽산, 비타민 K, 칼륨, 카로티노이드 같은 물질이 풍부하게 들어 있어요. 또 브로콜리에는 비타민 C, 비타민 E, 셀레늄, 칼슘, 철분이 많이 들어 있지요. 짙은 녹색 잎채소에는 간의 세포 생성에 도움을 주는 클로로필이 들어 있고 눈 건강에 중요한 루테인도 풍부합니다.

붉은색 채소: 암을 예방하고 면역력을 높여 줘요!

토마토는 각종 무기질과 비타민이 풍부하고 열량도 낮아서 다이어트 식품으로 인기가 있어요. 또 토마토에 들어 있는 리코펜은 암을 예방한다고 알려져 있지요. 석류나 딸기에 들어 있는 엘라그산 역시 암을 예방하는 효과가 있답니다. 사과, 고추, 체리 등의 붉은 색깔의 채소에는 리코펜뿐만 아니라 안토시아닌이란 물질도 들어 있는데, 몸에 유해한 활성 산소를 제거하는 역할을 합니다.

노란색 채소: 면역력을 높여 주고 각종 성인병을 예방해 줘요!

당근, 호박, 고구마, 귤, 오렌지, 감 등 노란색 채소 안에는 항암 효과가 있는 카로티노이드라는 물질이 들어 있어요. 이 물질은 몸속에서 눈 건강뿐만 아니라 피부와 뼈의 건강에도 도움을 주는 비타민 A로 바뀐답니다. 귤에 들어 있는 비타민 C는 면역력을 높여 줘요. 호박과 고구마, 당근 속에 들어 있는 베타카로틴은 가시광선을 차단하여 눈 건강에 도움이 되고 항산화 효과도 있어 피부에 좋습니다.

보라색 채소: 심장 질환을 예방하고 건강하게 만들어 줘요!

가지, 포도, 블루베리, 검은 올리브, 블랙베리 같은 채소 속에도 안토시아닌이 있어요. 안토시아닌이 활성 산소를 제거하므로, 혈류(피의 흐름)와 혈관 기능을 좋게 만들어 심장을 튼튼하게 해 주고 심장 질환을 크게 줄여 줍니다. 또한, 노화를 예방할 뿐만 아니라 콜레스테롤 수치를 낮춰 줘서 우리 몸에 피가 잘 돌 수 있도록 도와줍니다.

흰색 채소: 유해 물질 배출에 도움을 줘요!

뿌리채소라고 부르는 마늘, 양파, 무, 도라지 등에 풍부한 안토잔틴이라는 물질과, 마늘의 알리신, 양파의 셀레늄이 우리 몸의 콜레스테롤 수치를 낮춰 주어요. 감자에 들어 있는 칼륨, 비타민 C, 판토텐산 등도 마찬가지예요. 흰색 채소는 섬유질도 풍부해서 노폐물이 쉽게 몸 밖으로 빠져나가게 도와줍니다.

못난이 채소 캠페인

　채소를 고를 때 크기가 크고 색깔이 선명하며, 겉에 상처가 없는 것을 선택하나요? 그런데 겉면의 작은 흠집이나 못생긴 모양 때문에 식탁에 오르지 못하고 버려진 채소와 과일은 썩는 과정에서 지구 온난화를 초래하는 메탄가스를 내뿜어요. 게다가 매년 이렇게 버려지는 못난이 농산물이 전 세계에서 생산되는 농산물의 3분의 1이나 된다고 합니다.

　이런 못난이 농산물을 버리는 대신에 새롭게 소비하려는 움직임이 일어나고 있어요. 프랑스의 '인터마르쉐'라는 대형 슈퍼마켓에서는 못난이 채소 캠페인을 벌여서 낭비되는 식품에 대한 경각심을 일으키게 했어요. 일본의 한 피클 업체는 맛에는 문제가 없지만 못생겨서 버려지는 못난이 농산물을 이용해서 피클을 만들어서 팔고 있고요. 우리나라에도 크기가 작고 모양이 못생겼거나 겉면에 흠집이 나서 제값을 받고 팔기 힘든 농산물들을 식품 가공업체와 연결해 주는 사회적 기업이 생겨나기도 했어요. 이렇게 못난이 농산물을 버리지 않고 먹게 되면 무엇이 좋을까요?

　충분히 먹을 수 있는데 단지 우리가 보기에 못났다는 이유로 버려지는 채소와 과일은 식량 부족으로 어려움을 겪는 사람들에게 도움을 줄 수 있어요. 그리고 저렴하게 채소와 과일을 구매할 수도 있지요. 그동안은 상점이나 슈퍼마켓에서는 못난이 농산물을 진열조차 하지 않았어요. 하지만 못난이 농산물은 가격이 상대적으로 저렴할 뿐만 아니라 영양과 맛에는 전혀 문제가 없어요. 그래서 이제는 오히려 소비자들에게 환영받고 있어요. 또한 소비자들은 농부들이 더 이상 매끄럽고 보기 좋은 농산물을 만들기 위해 농약이나 화학 물질을 첨가하지 않고, 더 건강한 농산물을 만드는 데에 집중할 수 있도록 유도하는 '가치 소비'를 할 수 있게 되지요. 가치 소비란 자신의 신념이나 가치에 따라 상품을 선택하고 구매하는 합리적 소비 방식을 말해요.

썩거나 상한 게 아니라 단지 못생겼다고 버려지는 농산물에 대해 다시 한 번 관심을 갖는 것이 환경 오염과 기아 문제를 해결하는 손쉬운 방법일 수 있답니다.

6장 패스트푸드가 뭐예요?

슈퍼 사이즈 미

2004년 미국에서 <슈퍼 사이즈 미>라는 영화가 개봉해 많은 사람들을 깜짝 놀라게 했어요. <슈퍼 사이즈 미>는 다큐멘터리 감독 모건 스펄록이 하루 세끼를 모두 맥도날드의 제품을 먹으면 어떤 결과가 나타날지 직접 실험하고 기록한 영화였거든요.

모건 감독은 실험에 들어가기 앞서 미리 의사에게 검진을 받아서 자신의 몸이 건강한 상태임을 보여 주고, 한 달 동안 맥도날드의 햄버거만으로 살아가는 자신의 모습을 찍었습니다. 영화는 시간이 지날수록 심각한 변화를 가져오는 모건 감독의 몸을 거짓 없이 보여 주었어요. 그렇게 약속한 30일이 되자 모건 감독의 체중은 11킬로그램이나 늘었고, 의사는 모건 감독의 건강 상태를 경고하며 당장 실험을 중단할 것을 권합니다. 촬영을 끝낸 모건 감독이 원래의 몸 상태로 돌아가기까지는 무려 14개월이나 걸렸다고 합니다.

이 영화는 인스턴트와 패스트푸드의 위험성을 사람들에게 알리는 계기가 되었어요. 모건 감독처럼 계속해 패스트푸드만을 먹을 경우 비만에 걸릴 위험이 높은데, 비만은 음주나 흡연만큼이나 우리 몸에 해로울 수 있다는 점을 많은 사람들이 깨닫게 하기도 했습니다.

패스트푸드는 고열량 저영양 식품

패스트푸드란 빠른 시간에 주문하고 빠른 시간에 음식을 받아서 빠른 시간에 먹을 수 있는 음식으로, 즉석식품이라 부르기도 해요. 일분일초가 아까운 현대인들에게 패스트푸드는 시간을 절약해 주는 고마운 음식일 수 있습니다. 햄버거로 대표되는 패스트푸드의 경우 모든 요리들이 반조리 상태로 준비되고 제공되지요. 즉석밥 같은 레토르트 식품도 뜨거운 물을 붓거나 전자레인지에 돌리면 바로 먹을 수 있어 조리도 간편하고 가격도 싸서 인기입니다.

그러나 패스트푸드는 큰 함정을 갖고 있어요. 바로 고(高)열량 저(低)영양 식품이라는 점입니다. 우선 패스트푸드는 지방 함량이 매우 높아요. 앞에서 소개한 영화 〈슈퍼 사이즈 미〉처럼 매일 세끼를 햄버거와 같은 패스트푸드로 먹는다면 우리 몸엔 엄청난 열량이 쌓여요. 미처 다 쓰지 못한 열량은 지방으로 변하게 되고 몸은 서서히 비만이 되는 것이지요. 더욱이 패스트푸드는 보통 튀기거나 조리하는 과정에서 영양소가 파괴되고, 오히려 트랜스 지방 같은 나쁜 지방이 늘어나요. 이렇게 쌓인 지방은 혈액 속의 콜레스테롤 수치를 높여 고혈압, 고지혈증 등 각종 성인병을 일으킬 수 있어요.

사실 가장 위험한 것은 바로 패스트푸드 속에 들어 있는 나트륨의 양입니다. 성인의 하루 권장 나트륨양은 보통 2,000밀리그램인데 햄버거 한 개에는 무려 800~1,000밀리그램의 나트륨이 들어 있습니다. 만약 아침, 점심, 저녁을 모두 햄버거와 감자튀김으로 먹는다면 이미 하루 권장량을 훌쩍 넘는 나트륨을 먹게 되는 거예요.

가공식품의 영양 표시

표시 영양소의 종류
열량, 탄수화물, 단백질, 지방, 나트륨 등이 표시되어 있음

영양소 함량
식품의 단위 중량당 포함된 각 영양소들의 함량

영양 표시 제목
'영양 정보' 또는 '영양 성분'이라고 적혀 있음

표시 기준 분량
식품의 단위 중량이 표시되어 있음

% 영양소 기준치
하루 영양소 기준치에 대한 비율로, 하루에 먹어야 할 분량에 비해 얼마가 들어 있는지를 알 수 있음

영양정보

1회 분량 1개(35g)   총 12회 분량

1회 분량당 함량		% 영양소 기준치
열량	150kcal	
탄수화물	22g	7%
단백질	2g	3%
지방	6g	12%
나트륨	55mg	2%
칼슘	15mg	2%

편의점이나 마트에서 가공식품을 구입할 때 겉면에 쓰여 있는 영양 표시를 눈여겨보면 우리도 간편하게 고열량 저영양 식품을 구별하여 선택할 수 있어요.

식품 포장지에 '영양 성분'이나 '영양 정보'라고 표시되어 있는 작은 표를 보면 식품에 들어 있는 총열량과 탄수화물, 지방, 단백질의 양, 당류, 포화 지방, 콜레스테롤, 나트륨의 양이 표시되어 있어요. 위의 그림에서 단백질을 찾아보세요. 2그램이라는 숫자 옆에 3퍼센트라고 적혀 있지요? 이것은 건강한 성인이 이 음식을 먹으면 하루 권장 단백질량의 3퍼센트 정도를 얻을 수 있다는 말이에요. 탄수화물과 지방의 경우 두 가지를 합치면 19퍼센트나 되지요. 지방과 나트륨의 양까지 합치면, 이 음식은 영양이 낮고 열량은 높아 건강에는 별로 도움이 안 되는 음식이라는 것을 알 수 있습니다. 또한 1회 분량이란 과자의 경우 한 봉지를 다 먹었을 때의 열량이 아니기 때문에 '표시 기준 분량' 부분을 확인해야 합니다. 여기서는 한 봉지 전체가 아닌, 한 봉지의 12분의 1이 기준이네요.

미각 중독

사람은 특정한 음식을 먹고 좋았던 느낌을 기억해요. 그리고 좋았던 느낌을 다시 느끼기 위해 똑같은 맛을 고집하려 하기도 하는데, 이것을 '미각 중독'이라고 불러요.

한국인은 어릴 때부터 고추장이나 된장으로 만든 국물 음식을 즐겨 먹기 때문에 짠맛에 쉽게 노출됩니다. 사람은 태어나서 우유만 먹는 생후 6개월까지는 짠맛의 매력을 느끼지 못한답니다. 그러나 이유식을 먹고 점점 어른들과 같은 반찬을 먹게 되면서 단맛과 함께 짠맛도 알게 되어요. 싱겁게 간을 한 이유식보다는 짭짤한 이유식 맛에 더 길들여지면서 자신도 모르게 소금 중독에 빠지게 되는 것이지요.

소금의 주성분인 나트륨은 우리 몸에 꼭 필요한 무기질 중에 하나입니다. 신진대사를 돕고, 세포 속의 삼투압을 유지하며, 우리 몸속의 피나 뇌척수액 같은 체액의 산도●를 조절하고, 근육 운동과 신경 자극을 돕습니다. 그리고 담즙, 췌장액, 장액

● 산도 산성의 정도

등 중요한 소화액의 재료로, 우리 몸이 음식을 제대로 소화하고 흡수하게 만들어 줘요. 이렇게 고마운 나트륨도 지나치게 섭취하면 우리 몸엔 문제가 생깁니다.

우리 몸에 나트륨이 들어오면 그것을 몸 밖으로 내보내는 역할을 하는 것이 바로 콩팥(신장)입니다. 그런데 콩팥이 나트륨을 미처 다 내보내지 못했는데, 계속해서 나트륨이 들어오면 어떻게 될까요? 콩팥에 나트륨이 쌓이고, 당연히 콩팥도 제대로 기능을 하지 못하게 됩니다. 또 뼛속의 칼슘을 빠져나가게 해서 어린이들의 성장을 방해하고, 골다공증이나 퇴행성 관절염에 걸리게 해요.

또한 나트륨이 많이 들어간 짠 음식을 먹을 때 탄산음료를 찾는 경우가 많은데, 이는 함께 먹으면 짠맛을 덜 느끼게 되기 때문이에요. 예를 들어 짭짤한 피자를 먹을 때 달콤한 콜라나 사이다를 마시면 훨씬 더 피자를 많이 먹게 됩니다. 그럼 자연히 열량을 더 많이 섭취하게 되어서 비만이 되기 쉬워지는 것이지요.

패스트푸드에 나트륨이 많이 들어 있는 이유는 무엇일까요? 패스트푸드 회사 입장에서는 사람들이 다음번에도 자기 회사 음식을 선택하게 해야겠지요. 이때 싱거운 맛보단 짠맛이 더 효과적입니다. 맵고 짜고 단 것이 사람들에게 강한 자극을 주니까요. 그래서 더 맵고, 더 짜고, 더 단 음식을 만드는 전략을 사용하는 것이지요.

건강한 성인의 경우 하루에 필요한 나트륨의 양은 약 2,000밀리그램이에요. 소금에는 1그램당 나트륨이 약 400밀리그램이 들어 있으니 소금으로 환산하면 작은 티스푼 하나 정도(5그램)의 양이지요. 하지만 이를 훌쩍 초과해 섭취하기 십상이에요. 그렇다면 나트륨 섭취를 줄이는 방법으로 어떤 것이 있을까요? 국물을 먹을 때에는 간을 더 약하게 해서 먹거나, 아니면 평소에 먹는 양보다 2분의 1 정도 줄여서 먹는 방법이 있어요. 만약 라면을 먹는다면 국물까지 모두 마신다거나 남은 국물에 밥을 말아 먹으면 나트륨을 그만큼 많이 먹게 되니 피하는 게 좋아요. 음식 간을 할 때에도 소금 대신 다른 향신료를 사용하여 맛을 내 보는 것도 좋습니다. 신맛이 나는 레몬즙이나 식초 등으로 간을 하는 것도 좋은 방법이에요. 그리고 소금의 배출을 도와주는 감자나 우유, 콩, 미역, 견과류를 함께 먹거나, 칼륨이 풍부한 바나나를 후식으로 먹는 것이 좋습니다. 칼륨은 나트륨을 몸 밖으로 배출해 주는 역할을 하거든요. 오늘부터라도 패스트푸드나 가공식품의 섭취 횟수를 줄이고, 건강한 식단의 슬로푸드를 즐기는 습관을 길러 보세요.

나도 소금 중독일까요?

아래의 일곱 개 항목 중 세 개 이상에 '예'라고 답했다면 소금 중독일 수 있어요. 어린이 여러분은 아래 항목 중 몇 개나 해당이 되나요?

- ☐ 음식에 소금이나 양념을 더 넣어 먹는 편이다.
- ☐ 외식이나 배달 요리를 자주 먹는다.
- ☐ 라면이나 국물 요리의 국물을 남김없이 다 먹는다.
- ☐ 패스트푸드나 가공식품을 자주 먹는다.
- ☐ 싱겁게 먹으면 맛이 없고 기운이 없다
- ☐ 단 음식을 먹으면 짠맛이 그리워진다.
- ☐ 김치나 젓갈 등 짭짤한 반찬을 좋아한다.

슬로푸드

패스트푸드의 반대 의미로 슬로푸드가 있어요. 1986년 이탈리아 로마의 스페인 광장 앞에 패스트푸드점인 맥도날드가 영업을 시작하자 지역의 먹을거리로 만드는 전통 음식을 사랑하는 사람들이 모여 '패스트푸드 반대 운동'을 벌이면서 주목받기 시작했습니다.

1989년 프랑스 파리에서는 '슬로푸드 선언문'이 발표되었어요. 환경을 위협하고 생산성 향상의 이름으로 빠른 속도를 강요하는 패스트푸드를 추방하고, 지역의 맛과 향을 다시 발견하고 우리의 미각을 발전시키는 슬로푸드를 지지하며 국제적 운동으로 벌이자는 것이 선언문의 주요 내용이지요.

슬로푸드는 특정 음식을 가리키기보다는 음식의 재료나 요리하는 방법에 대한 태도를 말합니다. 즉, 자신이 살고 있는 지역이나 나라에서 생산된 음식 재료를 이용해서 화학조미료나 인공 첨가물 없이 시간과 정성을 충분히 들여 요리한 건강한 음식을 먹자는 운동입니다.

슬로푸드는 내일이 행복하려면 오늘도 행복해야 한다는 생각, 그리고 먹는다는 생존의 가장 기본적인 행동이야말로 자기 자신을 건강하게 지키는 가장 중요한 일임을 깨닫게 합니다. 나의 건강과 성장을 위해 어떤 식재료를 선택해, 어떤 과정으로 만들어, 어떤 상태로 먹는가를 결정하는 데에도 좀 더 깊이 생각해 볼 수 있으니까요.

이는 자연스럽게 토종 식품을 보존하자는 움직임으로 이어집니다. 우리나라도 '신토불이'라고 해서 쏟아져 들어오는 외국 식재료로부터 우리 고유의 토종 작물을 보호하고 지켜 내려고 애쓰고 있습니다. 우리나라의 기후와 토양에 적응된 토종 작물

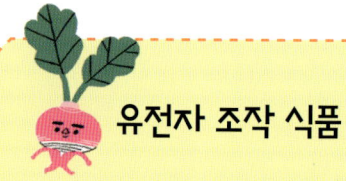

유전자 조작 식품

오렌지만큼 큰 딸기가 있으면 좋겠다는 생각을 해 본 적이 있나요? 과학자들은 식물이 가진 유전자를 연구하고 특정 유전자를 없애거나 새로운 유전자를 집어넣는 방법으로 유전자를 재조합해서 새로운 식물을 만들어 냈습니다. 우리는 그것을 '유전자 조작(GMO, Genetically Modified Organism) 식품'이라고 부릅니다.

이렇게 만들어진 유전자 조작 식품은 병충해에 강해서 생산량도 많고, 오래 보관이 가능하기 때문에 식량 문제를 고민할 필요가 없을지도 모릅니다. 그러나 한편으로는 아직까지 안전성이 확실하게 증명되지 않았기 때문에, 사람들은 혹시나 모를 위험들을 우려해 유전자 조작 식물이 들어간 식품을 피하기도 합니다.

을 이용하여 건강하게 생산된 농산물을 선택하는 것은, 무분별하게 들어오는 외국 농산물과 유전자 조작 작물로부터 건강을 지켜 낼 수 있는 방법이기도 합니다.

푸드 마일리지

푸드 마일리지는 식품이 생산되어 소비자의 식탁에 오기까지 걸리는 모든 거리를 말합니다. 예를 들어 고등어가 우리의 식탁에 오르기까지를 생각해 볼까요? 바다에서 잡힌 고등어가 육지까지 배달되는 데에는 여러 가지 운송 수단이 필요합니다. 그런데 문제는 이 운송 과정에서 화석 연료가 사용되고, 지구 온난화에 영향을 주는 이산화탄소가 배출됩니다. 따라서 푸드 마일리지가 짧은 식품을 선택하는 것이 지구 환경에 도움이 된다는 이론이지요.

소비자는 자신이 사는 지역과 가까운 곳에서 생산된 식품을 선택하면 환경 보호도 할 수 있어요. 푸드 마일리지가 낮은 제품을 선택하자는 '푸드 마일리지 운동'은 슬로푸드와 로컬 푸드, 신토불이 식품, 유기농 식품, 비유전자 조작 제품(non-GMO) 먹기 운동까지 이어집니다.

최근 건강식으로 인기를 끌며 판매량이 폭발적으로 늘어난 아보카도는 우리나라에서 재배가 힘든 과일이라 수입하는 식품입니다. 주로 미국, 멕시코, 뉴질랜드에서 수입하지요. 아보카도 한 개를 먹으려면 적게는 9,789킬로미터에서 많게는 13,054킬로미터의 거리를 이동해야 합니다. 또한, 아보카도는 따서 바로 먹는 것보다 숙성시켜 먹어야 맛이 좋아요. 아보카도를 숙성시키기 위해서는 일정한 온도를 유지하여 보관해야 하는데, 이 과정에서 이산화탄소와 질소 산화물이 발생해요.

게다가 물 소모량도 엄청납니다. 축구장 크기의 아보카도 농장을 운영하는 데에는 하루에 1,000명이 쓸 수 있는 물의 양이 들어간다고 해요. 뿐만 아니라 멕시코의 농부들은 아보카도 나무를 심기 위해 숲의 나무들을 파괴합니다. 이렇게 과일 하나를 먹더라도 무심코 선택하기에 앞서 원산지를 살펴보고, 푸드 마일리지가 짧은 식품을 선택하는 것이 좋습니다.

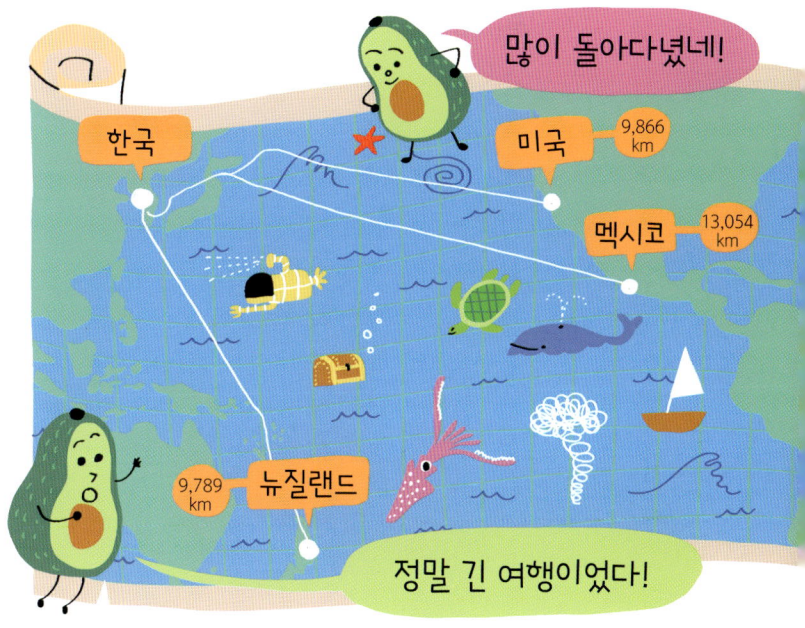

도시형 농부 시장, 마르쉐

마르쉐(marché)는 프랑스 말로 '시장'이란 뜻이에요. 슬로푸드와 토종 작물을 가까이에서 만나기 어려운 도시에서도 직접 키운 채소나 과일, 그런 작물로 요리한 음식들을 구입하고 맛볼 수 있는 '도시형 농부 시장' 또는 '도시형 슬로푸드 장터'를 말합니다. 서울에서는 대학로나 명동, 양재에 위치한 공원에서 장터가 열리는데, 이곳에서 하얀 밀가루 대신 통밀로 만든 식빵, 현미를 사용한 케이크, 가족끼리 텃밭을 이용해 재배한 건강한 채소 등을 살 수 있습니다.

이렇게 마르쉐를 통해 자신이 직접 키운 채소들을 파는 농부를 만나 농산물을 구입하면 생산자(농부)가 토종 종자나 유기농 농사를 계속할 수 있도록 도울 수 있어요. 소비자는 자신이 먹을 식품이 누가, 어떻게 만들었는지 직접 알 수 있고, 생산자는 힘들여 키운 농산물을 팔 수 있는 장소를 얻는 것이지요.

마르쉐는 건강한 식습관을 위한 가치 소비의 한 종류로 꾸준히 인기를 끌고 있습니다. 이런 농촌 직거래 장터는 우리나라뿐만 아니라 전 세계에 슬로푸드를 지향하는 사람들이 있는 곳이라면 어디든지 열리고 있습니다.

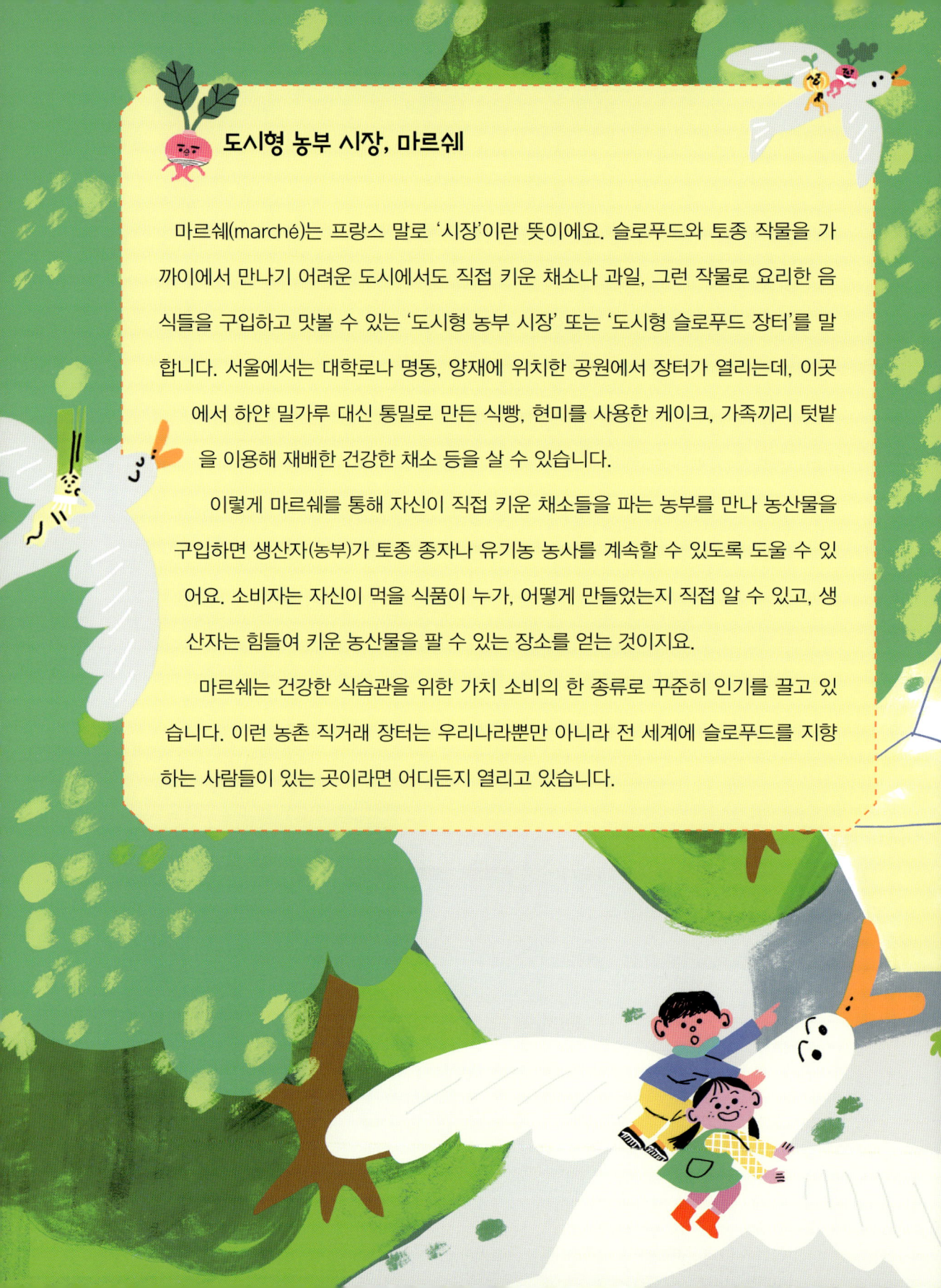

7장 물 대신 콜라 마실래요!

매년 성장하는 한국의 탄산음료 시장

우리나라 식품의약품안전처와 통계청의 자료에 따르면 국내 탄산음료 판매액은 꾸준히 증가하고 있다고 합니다. 우리나라 판매 1위의 탄산음료는 콜라이며, 그 뒤를 이어 탄산수, 사이다, 착향 탄산음료 등이 차지했습니다. 탄산음료가 당뇨와 비만의 주범으로 지목되어 코카콜라의 유럽과 미국 판매액이 15퍼센트 감소한 것과는 정반대의 결과이지요.

또, 질병관리본부의 국민건강영양조사 결과, 우리나라 어린이들은 청소년기로 갈수록 하루 탄산음료 섭취량이 늘어난다고 합니다. 특히 조사 대상 중, 19세 이상 성인은 40퍼센트 이상이 일주일에 1회 이상 탄산음료를 마신다고 대답했습니다. 하지만 탄산음료는 대표적인 고열량 저영양 식품으로 어린이들에게 소아 비만을 일으킬 수 있어서 특히 섭취를 자제해야 하지요.

탄산음료가 우리 몸에 얼마나 안 좋은지 함께 알아보아요.

건강에는 백해무익한 콜라

만약 물 대신 콜라를 마신다면 우리 몸엔 어떤 일이 일어날까요? 250밀리리터의 콜라 한 캔에 들어 있는 설탕의 양은 각설탕 아홉 개 정도(약 27그램)입니다. 정상 체중을 가진 어른의 경우, 설탕의 하루 권장량은 25그램이에요. 콜라 한 캔만 먹어도 벌써 하루 권장량이 채워지는 것이지요. 그런데 우리는 종일 콜라 외에 다른 음식으로도 당을 섭취하기 때문에, 우리 몸 안에는 당분이 많이 쌓이고 미처 사용하지 못하고 남은 당은 지방으로 변하겠지요.

단맛을 내는 당은 과일이나 채소, 곡류에 원래 들어 있는 '자연당'과 가공식품을 만들기 위해 인공적으로 첨가하는 '첨가당'으로 나눌 수 있습니다. 콜라에 들어 있는 흰 설탕이나 액상 과당은 첨가당입니다. 이렇게 옥수수로 만들어진 액상 과당이 들어 있는 탄산음료를 마시면 우리는 평소보다 더 많은 음식을 먹게 될 위험이 있습니다. 왜냐하면 액상 과당이 우리 몸에서 음식 섭취를 조절하는 스위치 역할을 하는 '랩틴'의 분비를 방해하기 때문입니다. 결국 먹어도 먹어도 배부른 줄 모르고 계속 먹게 된다는 뜻이에요. 또한 탄산음료에 들어 있는 단맛은 너무 강해서 웬만해선 다른 음식들의 단맛을 제대로 못 느끼게 합니다. 그래서 더 강한 단맛을 찾게 되고, 그러다 보면 자연히 열량을 과하게 섭취하기에 이르지요.

그렇다면 다이어트 콜라를 선택한다면 괜찮을까요? 2018년 펩시는 다이어트 콜라에 인공 감미료로 '아스파탐'을 다시 사용하기로 했다고 발표했어요. 아스파탐은 설탕의 200배 되는 단맛을 가지면서도 열량은 거의 없는 인공 감미료예요. 그러나 아스파탐과 같은 감미료는 우리 몸에서 소화되면서 장의 유익한 세균을 공격하고 당뇨병을 일으킬 위험이 있어요.

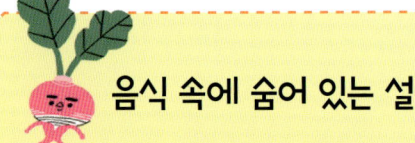

음식 속에 숨어 있는 설탕

설탕은 음식 속에 숨어 있어요. 만약 제과점에서 단팥빵을 사서 하나를 다 먹었다면 이미 14그램 정도의 설탕을 먹은 셈입니다. 건강 간식으로 인기 있는 말린 과일에도 설탕이 첨가된 것이 많아요. 과일 맛 요구르트는 아무것도 들어 있지 않은 플레인 요구르트보다 설탕 함량이 훨씬 높습니다. 다이어트나 간편식으로 인기 있는 그래놀라 바 역시 한 개에 무려 12그램의 설탕이 들어 있어요. 또한 식빵에도 2그램의 설탕이 이미 들어 있지요. 식빵에 잼이나 버터를 바를지, 그냥 먹을지는 다시 고민해 봐야겠지요?

또한, 탄산음료를 마시면 이가 썩는다는 이야기는 많이 들어 봤을 거예요. 콜라에는 무기질의 하나인 '인'이 많이 들어 있는데, 우리 몸에 인이 지나치게 많이 흡수되면 치아와 뼈 형성에 도움을 주는 칼슘과 결합하여 칼슘을 몸 밖으로 내보내는 일을 해요. 그래서 치아와 뼈가 약해지는 거지요. 또 탄산음료에 잔뜩 들어 있는 설탕은 피부 유분을 조절하는 기능에도 영향을 주어서 여드름이 잘 나는 피부로 만들기도 합니다.

설탕 중독

우리나라는 주로 탄수화물로 이루어진 밥을 주식으로 해요. 그리고 탄수화물 속에는 당이 포함되어 있지요. 이렇게 이미 탄수화물로부터 당을 흡수하므로 간식을 선택할 때 굳이 설탕이나 다른 당이 들어간 음식을 선택할 필요가 없어요. 설탕은 백설탕, 흑설탕, 갈색 설탕 등 사탕수수에 화학 물질을 첨가하여 만든 첨가당입니다. 그 외 아스파탐, 사카린 등의 단맛을 내는 물질들은 설탕보다 단맛이 더 강합니다. 이런 첨가당이 들어 있는 음료들이나 음식을 계속 먹게 되면 웬만한 단맛은 달게 느끼지 못하고 계속해 더 강한 단맛을 찾게 되어요. 이렇게 단맛에 길들여지면 다른 미각들은 제 기능을 못 하게 됩니다.

세계보건기구(WHO)는 성인의 경우 설탕 섭취를 하루 25그램으로 제한하는 것을 권장합니다. 이것은 티스푼으로 다섯 스푼 정도의 양입니다. 그런데 우리나라 1인당 1년간 설탕 소비량은 20킬로그램이 넘는다고 합니다. 하루에 50그램 이상을 섭취하는 거지요.

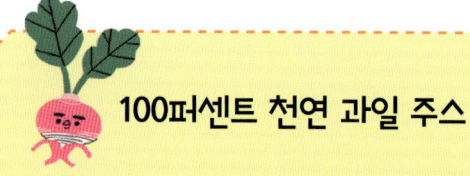
100퍼센트 천연 과일 주스

물이 아닌 다른 음료를 선택해야 할 때 건강과 영양을 위해 과일 주스를 고른 경험이 있나요? 그런데 '100퍼센트 천연 과일 주스'라고 해서 선택한 음료가 우리가 기대하는 건강한 음료가 아닐 수 있습니다.

마트 진열대에 놓인 과일 음료를 잘 살펴보면 이름에서 '주스'라는 말과 '음료'라는 말로 구분되어 있습니다. 과즙 함량에 따라 95퍼센트 이상일 때에만 주스라는 말을 쓰고, 10~95퍼센트일 때에는 과즙 음료, 10퍼센트 미만일 때에는 혼합 음료라 부르거든요.

또한 농축과 착즙이라는 표시도 볼 수 있는데, 농축은 과즙을 미리 짜서 그것에 물을 섞어 만든 것이고, 착즙은 과일만으로 즙을 내서 만든 것입니다. 완전한 과일 주스를 마시려면 '착즙 주스(NFC, Not From Concentrate)'를 선택해야 합니다.

그런데 '리얼'이나 '천연' 또는 '내추럴'이란 단어와 함께 '100퍼센트 농축 주스'라고 쓰인 음료도 있습니다. 어찌 된 걸까요? 농축시킨 과즙에 물을 섞어서 과일 당도를 일정 수준으로 맞추기만 하면 '100퍼센트 천연 주스'라는 말을 사용할 수 있기 때문이지요. 그래서 주스를 고를 때에는 100퍼센트 천연 주스라는 말에 현혹되지 않고, 영양 성분 표를 꼼꼼히 살펴본 뒤 선택하는 것이 좋습니다.

어릴 때부터 각종 음식에 숨어 있는 설탕에 중독되면 소아 생활 습관병인 비만, 고혈압, 당뇨병 등에 걸릴 확률이 높아요. 그리고 학습 능력이 떨어지고 주의력 결핍 과잉 행동 장애를 일으킬 수 있지요. 또한 흡연자가 되거나 과음을 할 가능성이 커져요. 어른들에게 중독 증상을 가져오는 담배나 술 안에도 설탕이 있어, 원인은 결국 설탕 중독이라는 의견도 있거든요. 또한 설탕을 많이 먹으면 우울증에 걸릴 확률이 높아진다는 연구 보고도 있습니다.

그렇다면 설탕 중독을 막고 우리 몸을 설탕으로부터 건강하게 지켜 내기 위한 올바른 음료 선택은 무엇일까요? 가장 좋은 방법은 요구르트나 탄산음료같이 가공된 당이 첨가된 음료 대신 신선한 물을 마시는 것이에요. 그러나 어쩔 수 없이 가당 음료를 선택해야 하는 상황이라면 식품 안에 들어 있는 설탕의 양을 꼼꼼히 따져 보고, 당 함량이 제일 낮은 것을 선택하는 것이 좋습니다.

콜라 대신 물을!

우리 몸의 70퍼센트는 수분이에요. 그래서 수분을 충분히 보충하는 것이 중요하지요. 그럼 수분 섭취를 위해 아무 음료나 마셔도 될까요? 아무 맛도 없고 색깔도 없는 맹물과 강한 단맛과 톡 쏘는 탄산음료 중 어떤 음료를 먹어야 할까요? 우리가 마실 음료를 선택할 때 한 가지 생각해 볼 것이 있습니다. 바로 물이 우리 몸에 미치는 영향이지요. 물은 일단 우리 입에 들어와 입안의 세균들을 씻어 내는 일을 해요. 음식을 잘 먹기 위해선 치아와 입속 건강이 무엇보다 중요하니까요. 또, 물은 음식물 속 단백질이 아미노산으로 분해될 때 나오는 찌꺼기인 요산이 몸에 쌓이지 않도록 오줌으로 배출시켜 주기도 해요. 요산이 쌓이면 바람만 스쳐도 아픈 병이라는 통풍의 주원인이 되므로 잘 배출해야 하거든요.

패스트푸드나 가공식품뿐만 아니라 우리나라 전통 식품인 된장, 간장, 젓갈, 장

아찌 등에도 이미 지나칠 만큼의 나트륨이 들어 있습니다. 물은 우리 몸에 나트륨이 많아지면 그것을 중화시켜 균형을 맞추는 역할도 합니다. 또 채소나 곡물 없이 동물성 단백질만 먹을 경우 섬유질이 부족해서 쉽게 변비에 걸리게 되는데, 물은 대변을 묽게 해서 배변 활동을 쉽게 해 주기도 합니다.

이렇게 물은 우리 몸에서 다양한 역할을 하고 있어요. 그런데 우리나라 사람들의 물 섭취량이 점점 부족해진다는 사실을 알고 있나요? 세계보건기구가 권장하는 물 섭취량은 하루 1.5~2리터로 커다란 페트병에 담긴 생수 한 병 정도의 양이에요. 음식을 통해서도 물을 섭취하기 때문에 어린이의 경우 1리터 정도의 물을 여러 번에 나누어 먹는 것이 좋습니다.

그런데 많은 사람들이 물 대신 탄산음료를 마시면서 수분을 보충하려고 하지요. 탄산음료 속에는 카페인이 함유되어 있는데, 카페인은 이뇨 작용을 통해 탈수를 유발하고, 오히려 몸속 수분을 부족하게 만들어요. 또한 탄산음료에 들어 있는 설탕은 혈당을 빠르게 높여 갈증을 느끼게 하지요. 즉, 수분 섭취에 탄산음료는 아무런 도움이 되지 않습니다.

어린이는 왜 커피를 마시면 안 될까요?

카페인은 사람의 교감 신경을 자극해서 일시적으로 정신을 맑게 하고 기억력, 집중력, 지구력 등을 높입니다. 그리고 적당한 카페인 섭취는 당뇨병과 심장 질환을 예방한다는 보고도 있습니다. 카페인이 들어간 식품에는 커피 외에도 에너지 음료, 홍차, 녹차, 카카오 열매가 들어간 음료나 마테차, 콜라 등이 있지요.

최근에는 어린이·청소년들도 졸음을 쫓기 위해서 이런 카페인이 들어간 음료를 많이 마신다고 합니다. 하지만 카페인은 중독 증상을 일으킬 수 있고, 어린이의 경우 성장과 발육이 완성되지 않았기 때문에 성인보다 심한 부작용이 나타날 수 있어 조심해야 합니다.

카페인의 대표적인 부작용으로는 몸속의 칼슘을 배출시켜 성장 발육이 느려지고, 이뇨 작용으로 탈수 현상을 겪을 수 있다는 것입니다. 또한 불면증과 빈혈이 나타나며, 심할 경우 우울증과 자살, 자해의 위험을 더 많이 겪게 됩니다.

시중에는 집중력을 강화하고 피로 해소를 도우며 에너지를 생성한다는 광고 문구로 포장된 에너지 음료들이 있습니다. 그런데 이런 에너지 음료를 하루에 한 캔 이상을 마신다면 벌써 하루 카페인 섭취량인 400밀리그램(성인 기준)을 훨씬 뛰어넘게 되는 거예요.

카페인은 감기약이나 두통약에도 들어 있어요. 뿐만 아니라 커피 맛 우유, 커피 맛 케이크, 초콜릿 아이스크림, 박카스 같은 자양 강장제, 아이스티, 코코아 등에도 들어 있기 때문에 이들 식품과 함께 섭취할 경우 우리 몸속의 카페인 수치는 더 올라가겠지요? 따라서 커피나 고(高)카페인 에너지 음료 대신 물을 많이 마시고 적당한 운동을 하는 것이 우리 몸을 건강하게 지키는 좋은 방법입니다.

8장 불량 식품이 왜 나빠요?

세계 10대 불량 식품

'불량'한 식품은 단지 가격이 싸거나 포장지가 촌스러운 식품이 아니에요. 여기에는 식품을 제조하고 유통과 판매하는 과정에서 지켜야 할 법을 어기거나, 어린이 정서를 저해하는 식품이 포함되어요. 세계보건기구와 미국의 시사 잡지 <타임>이 선정한 세계 10대 불량 식품에는 어떤 것들이 있는지 살펴볼까요?

소시지와 햄 같은 가공된 고기에는 암을 일으키는 물질이 들어 있고, 간에 악영향을 끼쳐요. 튀긴 음식은 단백질을 변형시키고 트랜스 지방을 만들어 내며, 비타민을 파괴해요. 설탕에 절인 과일은 당도가 아주 높고 방부제도 많이 들어 있어요. 또한 과자류는 식용 색소와 향료가 간에 나쁜 영향을 줄 뿐만 아니라 대표적인 고열량 저영양 식품입니다. 젓갈 같은 소금에 절인 식품도 많이 먹을 경우 신장 기능에 이상을 가져와요. 통조림 제품은 영양 성분이 낮고 가열 처리로 비타민이 파괴되어 좋지 않지요. 인스턴트식품은 소금 함량이 높고 식품 첨가물들이 많이 들어 있어 간 건강을 해쳐요. 아이스크림 같은 냉동 간식류는 엄청난 당분이 포함되어 있어서 쉽게 살찌는 체질로 만들어요. 숯불구이 제품도 좋지 않아요. 닭 다리 하나를 숯불에 구우면 담배 60개비 만큼의 독성이 나오거든요. 마지막으로 탄산음료는 엄청난 당분이 들어 있는 데다가 인산과 탄산 성분이 우리 몸의 칼슘과 철분을 빠져나가게 만든답니다.

이들 불량 식품들의 공통점은 바로 고열량 저영양 식품이며 설탕과 소금이 많이 들어 있는 음식들이라는 거예요. 거기에 화학 식품 첨가물이 많이 들어 있기도 하지요.

불량 식품 판별하기

어떤 식품이 불량 식품인지 알 수 있는 방법이 있어요. 우선 제품 표시에서 유통 기한을 어겼는지 살펴봅니다. 유통 기한이 지났거나 지우고 다시 쓴 흔적이 있다면 안 되겠지요? 농약이 남아 있거나, 항생제가 많이 들어 있거나, 부정 수입된 제품, 불법으로 도축된 원료를 사용하여 제조된 식품, 불법 제조 시설에서 제조된 식품도 모두 '불량 식품'이에요.

수입 식품의 경우 한글로 성분이나 제조일 등이 표시되어 있지 않으면 불량 식품으로 보아요. 요즘 수입 과자를 싸게 파는 가게들이 많아졌지요. 하지만 그곳에서 과자를 구입할 때 한글 표시 설명 스티커가 붙어 있지 않는 식품을 구입하면, 나중에 문제가 생겨도 보상을 받을 수 없어요.

그다음으로 눈여겨봐야 하는 것은 보관 상태와 포장 상태입니다. 냉장 및 냉동 보관 기준을 정확히 지켰는지, 포장지가 지나치게 부풀거나 뜯어져 있지는 않은지, 악취가 나거나 이물질이 들어가 있지는 않은지 꼼꼼히 살펴봐야 합니다. 식품의 원산지 표시를 거짓으로 했거나, 과장 광고하는 식품도 불량 식품이니 조심하세요.

식품 첨가물 바로 알기

햄, 소시지, 베이컨 등 공장에서 가공된 고기를 가공육이라고 해요. 값도 싸고 먹기도 편해서 많은 사람들이 좋아하는 식품 중 하나예요. 식탁에 반찬으로 자주 오르고, 이들 식품을 이용한 핫도그, 샌드위치 역시 인기 있지요. 그런데 2015년 세계보건기구는 이런 가공육을 '1군 발암 물질'로 규정했습니다. 매일 핫도그용 소시지 한 개와 베이컨 두 장을 먹는다면 암 발생률이 18퍼센트나 높아진다는 연구 결과도 있습니다.

유통 기한과 소비 기한

유통 기한은 소비자에게 판매해도 되는 기한을 말해요. 이 기한을 넘긴 상품은 썩거나 변하지 않아도 팔 수가 없어요. 그런데 이렇게 유통 기한을 넘긴 제품 중에는 실제로 먹어도 해가 없는 경우가 있어요. 그래서 소비자가 먹어도 건강에는 영향을 주지 않는 기간을 설정하였는데, 이게 바로 '소비 기한'입니다. 즉 유통 기한은 정해진 기간이 지나면 팔 수 없는 것을 말하고, 소비 기한은 보관이 잘 되었을 경우 그 기간 안에는 먹어도 되는 것을 말해요. 하지만 유통 기한이 지났다는 이유로 버려지는 식품들이 연간 6500억 원이 넘는다고 해요. 이렇게 버려지는 음식물은 엄청난 환경 오염을 유발하기도 해 문제입니다. 먹을 수 있는데 유통 기한이 지났다는 이유로 멀쩡한 음식을 버린다면, 그것 또한 엄청난 낭비겠지요.

공장에서 가공된 식품은 유통 기한까지 식품을 보존하고 맛과 모양, 색을 잘 유지해야 합니다. 그러기 위해서 인공적으로 식품에 넣어 주는 것이 바로 식품 첨가물이지요. 특히 가공육 보존제로 쓰이는 아질산나트륨은 대표적인 식품 첨가물 중 하나이지만, 고기에 들어 있는 아민이란 성분과 결합되었을 때 나이트로소아민(니트로소아민)이란 발암 물질을 만들어 내므로 조심해야 합니다. 또한 소시지 등에 붉은 색깔을 내기 위해 사용되는 코치닐 색소는 연지벌레에서 추출한 것이에요. 이 색소는 사람에 따라 심각한 알레르기와 장염을 일으킬 수 있고, 민감한 사람은 사망에 이르게도 합니다.

식품 첨가물에는 신선하게 보이도록 식품의 색을 유지시켜 주기 위한 발색제, 색을 더 진하게 만들어 주는 착색료, 식품의 색깔을 없애 주는 표백제, 식품의 향을 좋게 만들어 주는 착향료, 변질과 부패 등을 막기 위해 사용하는 산화 방지제, 유해 물질을 없애기 위한 살균제, 식감을 부드럽게 해 주는 유화제, 식품의 조직을 단단하게 유지해 주는 응고제, 쫄깃한 식감을 느끼게 해 주는 증점 안정제 등이 있습니다.

모든 식품 첨가물들이 해로운 것은 아닙니다. 다만 인체에 해로운 것으로 밝혀진 몇몇 식품 첨가물은 피하는 것이 현명하겠지요. 예를 들어 마가린이나 아이스크림, 치즈에는 유화제라는 식품 첨가물이 들어 있어요. 유화제는 두 가지의 액체가 잘 섞일 수 있게 해 주고 식품의 품질을 부드럽게 만들어 주지만, 장염과 비만, 당뇨, 대사 증후군을 일으키기 쉽습니다.

내가 먹는 식품에 어떤 첨가물이 들어가 있는지 알 수 있는 방법은 포장지에 있는 원재료(성분) 표시를 자세히 보면 되어요. 어떤 성분이 얼마나 들어 있으며, 알레르기를 일으킬 수 있는 물질이 들어 있는지 확인해 볼 수 있답니다.

식품 첨가물의 종류

용도	정의	대표적 첨가물	사용 식품
발색제	식품의 색을 유지시키는 것	아질산나트륨, 질산칼륨	햄, 소시지
향미 증진제	식품의 맛과 향을 강화시키는 것	L-글루타민산나트륨, 효모 추출물	간장, 라면
산도 조절제	식품의 산도나 알칼리도를 조정하는 것	수산화나트륨, 인산	음료, 라면
산(산미료)	식품의 산도를 높이는 데 사용되거나 신맛을 주기 위한 것	구연산, 빙초산	음료, 잼
유화제	기름과 물처럼 혼합되지 않는 물질을 균일한 혼합물로 만들거나, 이를 유지시켜 주는 것	글리세린지방산에스테르, 카제인나트륨	아이스크림, 과자
응고제	식품을 단단하게 만들어 주는 것	황산 칼슘, 염화 칼슘	두부, 곤약
증점 안정제	식품의 점성을 증가시키고 조직감을 좋게 하여 성분이 가라앉지 않게 하는 것	구아검, 변성전분, 메틸셀룰로오스	푸딩, 아이스크림, 떠먹는 요구르트
착향료	식품 특유의 향을 첨가하거나, 제조 공정 중 손실된 향을 첨가하는 것	합성 착향료, 천연 착향료	아이스크림, 탄산음료
팽창제	가스를 방출하여 반죽의 부피를 증가시키는 것	베이킹파우더	케이크, 도넛
소포제	가공 중 거품 생성을 방지하거나 감소시키는 것	규소 수지(실리콘 수지)	간장, 두부
충전제	식품에 주입하는 공기 이외의 가스	이산화탄소, 질소	과자
고결 방지제	식품의 입자가 서로 엉겨 붙는 것을 감소시키는 것	이산화규소	아이스티, 코코아
감미료	식품의 단맛을 주는 것으로 설탕이 아닌 것	아스파탐, 소르비톨, 사카린나트륨	껌, 탄산음료
착색료	식품에 색을 입히거나 본래의 색을 다시 복원시키는 것	식용 색소, 천연 색소	사탕, 젤리, 빙과류
보존료	미생물 오염에서 식품을 보호하여 저장 기간을 연장시키는 것	소르빈산, 안식향산	소시지, 치즈
산화 방지제	산화로 식품 품질이 저하되는 것을 방지하여 식품의 저장 기간을 연장시키는 것	부틸히드록시아니솔, 디부틸히드록시톨루엔	껌, 식용유
표백제	식품의 색을 하얗게 유지시키는 것	아황산나트륨	고사리, 도라지
살균제	미생물을 단시간 내에 사멸시키는 것	차아염소산나트륨	채소, 샐러드

냉장고가 없을 때 어떻게 음식을 보관했을까요?

사람들은 냉장고가 없을 때 어떻게 음식을 보관했을까요? 우리나라의 옛 기록인 『삼국사기』와 『삼국유사』에는 신라 유리왕 때 얼음 창고를 짓고, 지증왕 때 얼음 창고를 관리하는 관서인 빙고전(氷庫典)을 두었다고 적혀 있어요. 또 고려 시대에는 더운 여름철에 공신들에게 얼음을 나눠 주었다는 기록이 있고, 조선 태조 이성계는 한양에 동빙고와 서빙고라는 석빙고를 지어서 왕실 사람들과 고위 관리들에게 얼음을 지급했다고도 합니다. 얼음을 저장하기 위해 만든 창고를 '석빙고'라 해요. 냉장고가 아직 발명되지 않았을 때 사람들은 음식을 상하지 않게 보존하기 위해 석빙고의 얼음을 사용한 것이지요. 얼음을 얻기 위해 우리 조상들은 석빙고 내부 공기의 흐름, 단열 효과, 경사면의 원리, 태양열 차단 등을 고려했다고 해요. 그래서 후대의 많은 사람이 우리 조상들의 지혜를 엿볼 수 있는 대표적 유물로 석빙고를 꼽곤 하지요.

그린 푸드 존

 학교 앞을 지날 때면 초록색에 '그린 푸드 존(Green Food Zone)'이라고 쓰여 있는 표시를 본 적이 있을 거예요. 학교 안 매점이나 학교 주변 200미터 안에 있는 문방구나 슈퍼마켓 등에서 어린이와 청소년의 건강에 해로운 식품을 판매하지 못하도록 하는 제도가 바로 '그린 푸드 존'입니다. 콜라나 컵라면처럼 고열량 저영양 식품이나 커피 우유같이 카페인이 든 음료는 판매할 수 없지요. 또 돈, 화투, 담배, 술병 모양의 식품으로 어린이의 정서에 부정적인 영향을 줄 수 있는 식품도 판매할 수 없어요. 이런 식품들을 '정서 저해 식품'이라 불러요. 만약 이런 식품을 발견하였다면 1399로 신고하세요.

부록

건강한 어린이로 자라게 하는 슬기로운 식생활 여덟 가지

　습관은 한번 굳어지면 바꾸기가 쉽지 않기 때문에 건강한 음식을 통해 균형 있는 성장을 하기 위해서는 어린이 여러분이 스스로 생활 습관을 만들어 가는 것이 필요합니다.

　지금까지 매일 먹는 음식에 들어 있는 영양소와 몸속에서 하는 일을 알아봤습니다. 영양소가 부족하거나 넘칠 경우 우리 몸에 어떤 변화가 일어나는지, 어떤 음식이 건강하고 어떤 음식이 불량한지, 어린이들이 섭취해선 안 되는 음식들은 무엇이 있는지도 살펴보았지요.

　이제 여러분이 공부한 것을 바탕으로 '혀의 유혹'에서 벗어나 건강한 어른으로 성장할 수 있는 슬기로운 식생활 습관을 세워 봐야겠지요? 다음의 여덟 가지 항목들을 읽어 보고 지키기 쉬운 것부터 시작해 보세요.

하나, 식사 전, 손 씻기

음식을 먹기 전 위생도 중요합니다. 특히 집에서뿐만 아니라 학교 급식 시간이나 외식을 할 때, 야외에서 도시락을 먹을 때, 친구들과 간식을 먹을 때에도 손의 청결은 중요합니다. 우리 손에는 보이지 않는 세균들이 많이 살고 있어요. 또 여러 사람이 만지는 컴퓨터 키보드나 문손잡이, 화장실 변기, 대중교통의 손잡이 등에는 보이지 않는 각종 세균이 있지요. 더러운 세균이 가득한 손으로 과자나 과일을 집어 먹는다면 바이러스나 잡균들이 우리 몸속으로 들어와 식중독 등 음식 관련 질병을 일으킬 수 있습니다.

둘, 조금씩 넘치지 않게 먹기

아무리 좋은 영양소들도 넘치면 독이 됩니다. 탄수화물도 알맞게 먹으면 에너지를 낼 수 있는 훌륭한 영양소이지만, 너무 많이 먹으면 지방으로 변하며 소아 비만

의 원인이 되지요. 식사를 할 때에는 개인 접시를 이용해서 반찬을 먹을 만큼 덜어 먹으며 식사량을 조절하는 것이 좋습니다. 이런 습관은 불필요한 음식물 쓰레기를 줄여 줘서 환경에도 좋답니다. 또한, 정기적으로 기초 대사량을 측정하여 자신이 필요한 에너지 양을 확인해 본다면, 음식을 얼마나 먹어야 할지 결정하는 데에 도움이 됩니다.

셋, 골고루 먹기

자신의 가치관이나 종교관에 따라 채식을 선택했다거나, 특정 음식에 알레르기가 있는 경우가 아니라면, 우리 몸에 필요한 영양소가 부족해지지 않도록 음식을 골고루 먹어야 합니다. 편식을 하면 특정 맛에 중독이 되어 다른 맛을 못 느끼게 되기도 하고 영양 또한 균형을 잃어서 우리 몸이 서서히 망가지게 된답니다.

넷, 식품 성분표 확인하기

가공식품이나 인스턴트식품에 표시되어 있는 식품 성분표를 살펴보는 습관을 가지면, 유해한 인공 첨가물을 먹지 않을 수 있습니다. 만약 소시지를 구입했는데, 포장지에 아질산나트륨 표시가 있

다면 먹기 전에 끓는 물에 2~3분 정도 데친 다음 먹으면 첨가물 걱정을 할 필요가 없답니다.

다섯, 하루 세끼 규칙적으로 먹기

우리 몸에 음식이 들어와서 소화가 완전히 되는 시간은 적어도 두 시간이 걸립니다. 그리고 나서 다시 에너지를 만들기 위해 음식을 받아들일 준비를 하게 되지요. 규칙적으로 식사하는 습관을 들이면 몸도 그에 맞춰 효과적으로 일할 수 있어요. 특히 아침밥을 거르지 않고 먹으면 뇌의 활동도 그만큼 활발해지고 온종일 경쾌한 몸 상태를 유지하게 됩니다.

여섯, 덜 달고 싱겁게 먹기

설탕 같은 첨가당 대신 채소나 과일에 들어 있는 천연당을 통해 당 섭취를 줄여 보는 것이 좋아요. 당분이 많이 든 음료수 대신 물에 레몬 조각을 넣어 마시는 건 어떨까요? 그리고 영양 성분 표시에 당 함량을 꼭 확인해야 해요. '무가당'이나 '무첨가

당'은 설탕이 없는 대신 액상 과당을 넣었다는 뜻입니다. 간식도 단맛이 나는 식품 대신 야채나 과일, 견과류 등으로 바꾸는 노력이 필요합니다. 과일도 당도가 높은 건 너무 많이 먹지 않는 것이 좋아요. 마지막으로 음식을 싱겁게 먹는 것도 중요해요. 짜게 먹으면 몸이 잘 붓고, 신장과 심장에 무리를 줄 수 있으며 성인병에도 걸리기 쉽답니다. 라면을 먹을 땐 스프는 반만 넣고 국물도 반만 먹어서 소금 섭취를 줄여 보세요.

일곱, 푸드 마일리지 따지기

노르웨이에서 온 고등어, 중국에서 온 콩나물, 미국에서 온 콩으로 만든 된장, 페루에서 잡은 오징어 등 우리 식탁에 오른 반찬들의 푸드 마일리지를 따져 보세요. 푸드 마일리지가 길수록 화석 연료를 많이 사용해서 지구 온난화에 악영향을 미치게 됩니다. 또한 푸드 마일리지가 긴 식품들은 신선도가 떨어질 수 있어, 이를 방지하기 위해 식품 첨가물이 들어가 있을 수 있지요.

지구 환경도 생각하고, 조금 더 신선한 식품을 먹기 위해 선택할 수 있는 것이 바로 '로컬 푸드'입니다. 자신이 사는 지역에서 나오는 먹거리를 선택하는 것이지요. 친환경으로 재배된 농산물을 생산자와 소비자가 직접 거래하는 것은 안전할 뿐만 아니라 아토피나 비만을 예방하는 데에도 큰 도움이 됩니다.

여덟, 패스트푸드보다 슬로푸드 선택하기

대규모 식품 회사들은 전 세계인의 입맛을 균일하게 만들어 가고 있습니다. 세계 어디서나 똑같은 맛의 햄버거를 먹게 한다는 것은 미각의 동질화를 의미하지요. 다양한 음식을 즐기고, 각 나라의 고유의 음식 맛과 문화를 지키기 위해 슬로푸드 운동에 동참해 보세요. 패스트푸드보다 슬로푸드를 선택하는 습관을 들이면 개인의 건강뿐 아니라 우리 전통의 음식 문화도 지킬 수 있답니다.

글쓴이 홍준희
동화 작가, 북 칼럼니스트, 북 큐레이터 등으로 활동하며 다양한 현장에서 어린이·청소년과 만나는 작업을 하고 있습니다. 지은 책으로는 『세상에 대하여 우리가 더 잘 알아야 할 교양: 청소년 노동』『그런 편견은 버려!』『나도 자존심 있어!』『못 읽으면 어때!』『슬픈 역사를 간직한 도심의 박물관 인사동』 등이 있습니다.

그린이 양수빈
음식 그리는 것을 즐깁니다. 어떤 음식이든 그 안에는 너무나도 많은 이야기와 역사가 들어 있기도 하지만, 가장 중요한 건 맛있는 걸 먹는 것을 좋아하기 때문이지요. 한국과 미국에서 일러스트레이션을 공부했고, 현재는 도서, 광고, 포스터, 잡지 등 다양한 분야를 넘나들며 활발하게 활동하고 있습니다.
www.subinyang.cargo.site

초등 생활 탐구 ①
슬기로운 식생활 내 안을 건강하게 가꿔요

초판 1쇄 발행 2019년 09월 09일
초판 2쇄 발행 2021년 07월 14일

글쓴이 홍준희 | 그린이 양수빈

편집장 천미진 | 편집 임수현, 민가진, 이정미
디자인 한지혜, 강혜린 | 마케팅 한소정 | 경영지원 구혜지

펴낸이 한혁수
펴낸곳 도서출판 다림 | 등록 1997. 8. 1. 제1-2209호
주소 07228 서울시 영등포구 영신로 220 KnK 디지털타워 1102호
전화 (02) 538-2913 | 팩스 (02) 563-7739
블로그 blog.naver.com/darimbooks
다림카페 cafe.naver.com/darimbooks | 전자우편 darimbooks@hanmail.net

ISBN 978-89-6177-204-4 73590

이 책 내용의 일부 또는 전부를 사용하려면 반드시 저작권자와 도서출판 다림의 서면 동의를 받아야 합니다.
책값은 뒤표지에 있습니다.

이 도서의 국립중앙도서관 출판예정도서목록(CIP)은 서지정보유통지원시스템 홈페이지(http://seoji.nl.go.kr)와 국가자료종합목록 구축시스템(http://kolis-net.nl.go.kr)에서 이용하실 수 있습니다.(CIP제어번호 : CIP2019032469)

| | 제품명: 슬기로운 식생활 제조자명: 도서출판 다림 제조국명: 대한민국
전화번호: 02-538-2913 주소: 서울시 영등포구 영신로 220 KnK 디지털타워 1102호
제조년월: 2021년 07월 14일 사용연령: 8세 이상
※KC마크는 이 제품이 공통안전기준에 적합하였음을 의미합니다. | ⚠ 주 의
아이들이 모서리에 다치지 않게 주의하세요. |